공공정책개론

이승재 지음

창조와지식

머리말

대학의 강의실은 혁신의 출발 지점이다. 파워포인트를 활용한 요약자료(PPT)와 전자기기를 활용한 지식 검색이 익숙한 강의실 풍경이다. 강의 내용을 노트에 필기하며 정리하고 외우던 방식은 찾기 어렵다. 기술과 시대가 변한 탓이다. 강사가 언어로 지식과 경험을 쏟아내는 방식은 여전하다. 토론과 문제를 해결하는 능력을 키워가는 강사와 학생 간의 쌍방향 수업은 활성화되고 있지 못하다. 빠르고 편리하게 정보 검색이 가능하기에 학생은 수업 내용을 깊이 사색하지 못하고, 핵심 키워드에 의지하여 단편적이고 파편적인 지식과 경험을 모자이크처럼 습득하기에 급급하다. 이에 필자는 학생들이 강의실에서 듣는 강사의 말을 글과 문자의 형태로 읽으면서 사고의 흐름을 유연하게 연결하는 기회를 제공하고 싶었다. 학문을 전체적으로 조감하면서 체계적으로 정리하는 데 아날로그적인 교과서만큼 좋은 수단은 발견하지 못했던 탓이다. 전통 교과서로 회귀하는 유럽 각국의 정책 전환이 그 예이다. 공공정책 강의 노트를 책자로 엮어 책을 읽고 사색하는 기쁨을 선물하겠다는 결심은 정책학개론 과목이 신한대학교 행정학과 1학년 교육과정으로 편입되면서부터이다. 행정학을 시작하는 대학 새내기에게 정책학을 쉽고 재미있게 소개하여 그들의 학문적 호기심을 충족시켜야 하는 것은 먼저 배운 사람의 의무이다. 고등교육을 받는 학생은 스스로 문제를 발견하고, 그 문제를 해결하는 수단과 방법을 고안하는 건강하고 자율적인 인간으로 성장해야 한다. 이 책은 정책학에 관한 잡다한 이론과 지식을 백과사전식으로 나열하거나 짜깁기하지는 않을 것이다. 궁금한 내용은 검색과 질문으로 해결할 수 있을 것이기 때문이다. 추상적 개념의 확장과 응용으로 호기심을 유발하는 핵심 키워드와 맥락을 알기 쉽게 소개하려고 한다. 스스로 상상하는 방편이 되도록 간략하게 핵심을 다룰 것이다. 공공정책 개론서로서 정책과 행정을 다룬다. 정책은 본문으로, 행정 내용은 각주나 심화학습란을 활용하였다. 공공정책 개론은 총 아홉 편의 강의 내용을 담고 있다. 한 학기 수업(강의)일 수가 15(13)주이므로, 각 편은 약 두 번의 강의(6시간) 분량에 적합하게 배정하였다. 이론을 학습하려면 그림과 도표를 활용한 이미지를 그려보는 연습이 필요하다. 책은 문자와 글로 지식과 정보 및 경험을 표현하고 있다. 강의실에서 강사는 책의 내용을 그림으로 표현하여 학생들이 단박에 이해하도록 지도해 주기 바란다. 모쪼록 이 책이 행정학과 학생들의 지적 호기심을 자극하고 확장하는 동기부여(모티브)가 되었으면 한다. 사랑하는 신한대학교 행정학과 학생들의 건강과 성장을 응원하면서, 책을 발간하는 데 도움을 주신 출판사 관계자분들께도 감사의 마음을 전한다. 항상 큰 의지가 되어주는 연희, 나경, 찬명의 행운을 기원한다.

여의도 연구실에서 저자 씀.

일러두기

정책학을 서사(이야기, story)로 풀어 쓴 책이다. 행정과 정책 이야기를 통해 정책 연구의 틀을 잡아 보고, 이론의 세세한 내용과 깊은 성찰은 전공 서적으로 쌓아가야 한다. 독자는 글(이야기)에 빠지지 않도록 조심해야 한다. 독서를 통해 글을 구조화하고 독자의 틀에 맞춰 시각화(visualization)해 보기 바란다.

<제목 차례>

제1강 행정과 정책

정책학은 라스웰(Harold Lasswell)의 정책지향(policy orientation 1951)에서 출발한다. 1950년대는 행태주의가 행정학의 주류였다. 가치와 사실을 분리하는 논리실증주의를 배경으로, 경험적·계량적 접근으로 가치판단을 배제하였다. 1960년대 인권문제와 월남전 등 미국 사회의 격동기를 겪게 되면서 문제를 해결하기 위한 정책학이 등장하였다. 정책학은 문제해결 학문으로서의 행정학을 한 단계 뛰어넘게 되었다.

1. 개인과 집단 : 자유주의와 집단주의

인간은 사회적 동물이다. 언어와 문명 및 역사는 인간 협력의 산물이다. 사회는 인간의 불완전성을 보완하는 장치이기도 하다. 부족한 인간이 서로 협동하기 위해 만든 사회는 부조리하다. 인간은 서로 도움을 주고받아야 하는 운명공동체인 것이다. 인간이 고안한 과학과 기계 문명도 인간의 행복 및 존엄과 가치에 공헌해야 유용성이 인정된다. 행정 및 정책도 인간을 존중하고 성장하는데 도움이 되어야 한다. 곧 다가올 미래의 인공지능(AI) 시대에도 기술에 앞서 인성과 인간 이야기(스토리)가 우선하게 될 것이다.

인간과 사회의 관계를 바라보는 관점을 살펴보자. 먼저, 방법론적 개인주의(methodological individualism)[1]는 사회를 개인의 합으로 간주한다. 경제학의 접근방법으로, 개인은 효용을 극대화한다는 뚜렷한 목표를 가지면서 그 목표를 달성하기 위한 최선의 수단을 선택하는 합리적인 인간을 가정한다. 방법론적으로는 비용/편익 분석과 계량적 기법을 활용하여 분석한다. 최대다수의 최대행복을 중시하면서 행복은 만족을 욕망으로 나눈 것으로 본다(H=S/D, Happiness Satisfaction Desire). 사회도 개인과 유사하게 목표(생존 등)를 가진 하나(동일)의 유기체로 본다.

사회는 개인들의 합 이상의 그 무엇, 실체를 가진다는 입장이 있다(방법론적 전체주의라고 정의할 수 있다). 사회학자 뒤르껨은 사회의 집합적인 속성(개인이 가지지 아니한)을 '사회적 사실'이라고 한다[2]. 개인으로 환원할 수 없는 집합체(사회)의 속성값을 인정한다. 즉 사회의 관습과 문화 및 규범들이 개인의 인식과 행동을 제약하거나 방향 짓는 변인을 연구대상으로 한다. 이러한 입장을 극단적으로 취하게 되면 전체주의로 기울게 된다[3]. 17세기와 18세기의 근대 자유주의는 개인주의와 결합하

---

1) 대조적으로 방법론적 전체주의가 있다. 개인으로 환원할 수 없는 사회(집합체)를 인정한다.

2) 뒤르껨은 '사회적 사실로 사회를 정의하고 있는데 간단하게 표현하면 S=ΣDi, where, S(=사회), D(=개인), i(=개체)으로 표현할수있다.

3) 물리학의 세계에서 원자(atom: 더 자를 수 없는)의 결합으로 생성되는 분자는 성격이 전혀 다르게 전환된다. 수소 2개와 산소 1개가 결합하면 물이 생성되는 것처럼 물리의 세계에서 개별 인자들의 합은 전혀 새로운 형상을 창조한다. 인간 사회도 물리의 세계처럼 그사회의 문화는 집 개인으로 환원할 수 없는 독특한 사회성을 가진다고도 볼 수 있다.

면서 야경국가(자유방임주의 국가)[4]를 배경으로 산업화·기계화로 대량생산과 대량소비의 대중사회를 탄생하게 된다[5]. 인간의 이기주의와 개인주의는 20세기 들어 세계대전과 경제 대공황을 겪게 되었다. 실업 문제를 해결하기 위해 정부는 재정정책 등 시장에 개입하면서 정부의 역할이 강화되었다. 1960년대 복지국가에 진입하면서 국가가 시장에 개입하는 정부 주도의 경제 모형이 발달하게 된다. 정부 구조와 기능의 비대화는 정부 비효율의 원인이 되었고, 1970년대의 오일쇼크(비용 견인 인플레이션의 원인)로 감축 경영과 신자유주의 사조가 등장하게 되었다. 정부 기능의 축소와 효율화 정책이 추진되게 된 시대적 배경이 되었다. 이처럼 정부의 정책은 개인과 집단을 바라보는 가치관과 관점에 영향을 받는다.

오하이오 주립대학의 잔디밭 보호 정책은 자유주의 정책의 유명한 사례의 하나이다. 오하이오 주립대학의 잔디밭을 보전하기 위하여 다양한 정책을 시행하였으나, 잔디에 사람들이 침범하는 경우가 빈번하게 발생하였다. 이에 오하이오 대학 측은 사람들이 밟는 잔디를 길로 조성하였다. 인간의 이동 욕구에 정책이 맞춘 것이다. 인간의 본성을 억압하는 정책으로 강제하지 아니하고 사람들의 이동권을 자연스럽게 보장해 줌으로써 더 이상의 잔디 훼손은 발생하지 않았다. 정책은 인간의 욕구와 욕망 그리고 인성과 조화할 때 순응과 동조를 얻어 목표 달성이 가능해진다. 개인의 욕망을 무시한 집단주의적인 정책은 개인의 일탈을 조장하고, 정책에 의한 인간 억압의 증가로 불만과 위법 행위 등 정책 부작용을 양산하기 쉽다. 정책과 규범이 개인과 집단과 조화되도록 집행해야 한다.

---

4) 자연 상태를 '만인과 만인의 투쟁'으로 정의한 홉스는 자연 상태의 무질서를 방지하기 위하여 개인이 가진 주권을 국가에 위탁하여야 한다고 보았다. 국가는 인민이 위임해 준 주권을 독점적으로 행사함으로써 국가의 질서를 유지할 수 있다는 것이 야경국가의 정치적 배경이 된다. 한편 아담 스미스(Adam Smith)의 국부론에서 강조한 시장의 '보이지 않는 손'은 자유방임 국가의 이념과 연결된다.

5) 산업혁명은 증기기관의 발명에 따른 제1차 산업혁명, 전기의 발명에 따른 제2차 산업혁명으로 구분하기도 한다. 대량생산과 대량소비를 기반으로 하는 대중사회의 등장은 산업에 전기 에너지가 도입되면서부터이다.

2. 정책학의 기원 : 행정학의 발달

행정학의 기원은 독일과 미국에서 찾는다. 특히 미국의 윌슨 행정학은 현대 행정학의 출발이다. 유럽의 행정학은 독일(프로이센)의 관방학(cameralistics)에서 시작하였다. '관'은 정부(government)를 뜻하며, '방'은 사무실(office)을 뜻하는데[6], 현대의 '정부학'과 유사하다. 16-18 세기 영국과 프랑스 등은 절대 군주국가(통일 민족국가, nation state)로 중상주의 등 국가 발전 전략을 통일적으로 추진하였으나 독일은 지역별로 분할되어 낙후된 수준에 머물고 있었다. 낙후된 독일을 효율적으로 발전하기 위하여 행정 기술을 제공하는 관방학이 태동하였다[7]. 저개발이라는 고난과 역경이 새로운 학문을 출범케 하는 씨앗(seeds)이 되었다. 즉 16세기 독일은 지방분권 체제에서 경찰과 재정학이 융합된 관방학(학문이 분화된 후기 관방학과 구분하여 전기 관방학이라고 한다)이 생겨났고, 1727년[8] 빌헬름 1세(Friedrich Wilhelm 1) 때 할레 대학과 프랑크푸르트 대학의 학위 과정에 관방학(재정과세학, 통계학, 행정) 강의가 개설되었다.

미국의 행정학 기원을 살펴보자. 초기 미국의 정치 지도자는 지주와 자본가 계급 출신들이다. 이후 노예제도가 철폐되고 선거권이 확대되면서, 국민의 의사를 정치적으로 결집할 정당제도가 도입되었다. 정당은 정치지도자를 선출(정권 획득)할 목적

6) 관료제로 번역되는 bureaucracy의 bureau의 어원은 사무실 또는 사무실 책상이고, cracy는 지배를 의미한다. 즉 관료제는 '사무실 지배'를 뜻한다.

7) 식물과 동물을 비교해 보면, 식물의 특징은 물, 공기, 햇빛이 있으면 광합성 작용으로 필요한 영양분을 생성하여 성장한다. 또한 식물은 동물보다 더 많은 유전자를 가지고 있다. 식량을 구하기 위하여 사냥과 이동해야 하는 동물과 달리 식물은 자체 영양소를 공급받을 수 있다. 즉 부족함이 동기부여가 되어 움직임(동)과 노력을 하게 된다는 것을 시사한다. 고난을 성장의 자양분으로 삼아 성장하시길 바란다.

8) 1701년부터 1918년 11월까지 프로이센 왕국이 독일제국의 중심적 역할을 한 국가다. 초대 국왕은 프리드리히 1세(1713년 서거)이다. 이후 즉위한 프리드리히 빌헬름 1세는 군사력을 강화하여 군국주의 및 관료주의 국가로, 이어서 프리드리히 2세(프리드리히 대왕)는 프로이센을 유럽의 군사 대국으로 성장시켜 영토를 확장해 나가면서, 프랑스의 사상가 볼테르와 친교를 맺으며 계몽사상의 영향을 받아 근대적인 법전을 편찬하기도 했다. 프리드리히 3세에 잠시 프랑스의 지배를 받기도 했다.

으로 하고, 그 지지자를 공직에 충원하였는데 이를 엽관주의(전리품, spoils system)라고 한다. 미국의 잭슨 대통령(1829년 선출)은 정치 지지자에게 관직을 주었다. 엽관제는 정권을 획득하는 정당과 그 지도자가 교체되면 공무원과 정책도 변경되어 행정의 지속성과 안정성 및 신뢰성을 해쳐 부정부패와 낭비를 초래했다[9]. 우드로 윌슨(Woodrow Wilson)[10]은 그의 행정 연구(The Study of Administration 1887) 논문에서 행정의 독자성과 효율성을 높이기 위하여 정치(가치)[11]와 행정(정책 목표 달성을 위한 효율적인 집행)을 분리하자고 하였다. 제목을 Public Administration으로 하지 않고 administration(관리)으로 정한 것은 행정을 공공성(public)보다 관리(management), 즉 경영과 유사하게 보고 행정 연구를 정치학의 분과에서 독립시키려는 것이다[12]. 그는 전제군주에게 봉사하는 독일(관방학)과 프랑스의 행정연구는 -군주가 존재하지 않는- 미국의 헌법과는 어울리지 않는다고 보았다. 유럽의 행정을 비교의 방법으로 연구하되, 군주를 위한 통치 수단으로 행정이 활용되는 것은 배제하고, 가치중립적인 행정 기법만을 공무원에게 교육할 것을 권고하였다. 윌슨은 민주당 소속 정치인으로서 진보주의 운동을 펼치게 되는데, 그의 활동은 상원 공무원 제도 개혁위원회 위원장인 펜들턴(G. H. Pendleton)의 펜들턴 법(실적주의 공무원법, 1883)[13]에 영향을 주기도 하였다.

---

9) 부정부패의 원인이 된 까닭은 위인설관 현상 때문이다. 정당 지지자에게 적합한 공직이 없는 경우에는 그 지지자에게 적합한 공직을 만들어서 임용하기도 했다.

10) 우드로 윌슨은 제28대 미국 대통령으로 취임(1913년)하였으며, 대한민국 3.1운동에 영향을 준 '민족자결주의'를 주장하였다. 대통령이 되기 전 정치학과 교수로 활동하면서 행정연구 논문을 발표하였다. 1902년 프린스턴 대학교 총장이 되었다.

11) 이스턴(David Easton)은 정치를 가치의 권위적 배분(authoritative allocation of values for the society)이라고 정의하였다.

12) 행정의 독립성을 강력히 주장한 윌슨은 '국가란 행정의 양심이다(The idea of the State is the conscience of administration)'라고 주장하였다. 즉 정치 영역에서 결정된 국가 정책목표를 경영학적인 방식인 비용편익분석(cost-benefit analysis)으로 능률적인 행정을 구현하려는 것이다.

13) 펜들턴 법은 엽관주의에 대비되는 실적주의를 도입한 것이다. 주관적인 정치적 충성심의 잣대를 버리고 공개경쟁채용시험을 통한 객관적인 점수에 따라 공직에 임명한다. (엽관제는 민주성의 원리를 구현하는 데는 장점이 있으나, 행정이 해결하는 문제가 전문성과 복잡성을 띠게 되면서 행정인의 충원도 실적과 자격을 중심으로 전문성과 효율성을 중시하는 방향으로 전환되게 된다). 불완전한 인간이 100% 완벽한 제도를 만들기란 불가능하다. 제도를 엄격하게 규정하는 것도 중요한 과제이지만, 그 제도를 시대의 변화 등에 따라 지혜롭게 운용해야 한다. 객관적인 시험제도로는 현대사회의 다양하고 전문화된 행정문제를 해결하는데 한계에 직면하게 된다. 개방형 인사 제도는 공채 제도를 보완한다.

심화 학습 : 정책과 행정분과

정책학과 행정학은 동전의 양면이다. 행정 현상을 실증적(인과관계 지식)으로 연구하는 행정학을 기반으로, 정책 처방(prescription)을 한다. 행정학과 정책학은 학제적으로 연구해야 한다. 재무 행정론에서 배울 쉬크(Allen Schick)의 통제, 관리, 기획에 따른 품목별 예산제도, 성과주의 예산제도, PPBS(프로그램 예산제도) 등 예산 제도의 개혁은 예산 정책의 변화이다. 인사 행정론에서 엽관주의에 대응하는 실적주의, 대표관료제 등도 인사 정책의 전환이다. 조직론의 고전적 조직이론, 신고전적 조직이론, 현대 조직이론 등도 조직의 구조, 인간, 환경 등 연구의 중심이 이동하면서 조직의 생산성을 높이기 위한 정책의 초점이 변화하는 것이다. 시장실패와 정부실패를 인식하는 시대적 맥락과 정부의 정책 변화로 정책이 그 시대 환경에 영향을 받게 된다는 것을 공공서비스론으로 배운다. 또한 행정 조직이 직접 서비스를 제공하는 정책, 민간 위탁으로 공공서비스를 제공하는 정책들, 그리고 민영화를 통한 공공서비스 제공 정책의 큰 줄기도 정책학의 흐름과 연결된다. 지방 및 재무행정론에서 배울 세금의 종류와 조세정책도 정책론과 관련이 깊다. 한 해 종합부동산세는 약 5조 원이 국세로 수납되고, 이 중에서 약 50%에 해당하는 2조 5천억 원이 서울에서 징수되고 있다. 지방세 확충을 주장하는 학자는 종합부동산세(국세)를 지방세로 전환하자고 한다. 이러한 정책 전환은 주의할 점이 있다. 국세로 징수하면 국가가 지방자치단체의 재정력을 고려하여 약 5천억 원만 서울에 교부(20%)하고 있다. 즉 2조 원(80%)은 서울 외 지방자치단체로 교부하고 있다. 지방자치의 당위적인 측면만 고려한다면 국세인 종합부동산세를 지방세로 전환하는 것이 바람직하다고 생각하기 쉽지만, 지방 재정의 균형 측면에서는 현재의 방식(국세로 징수)이 더 낫다. 행정의 각 분과에서 시대와 지역에 따라 달리 적용되는 이론은 그 시대의 정책 산출에 기초가 된다.

3. 행정학과 정책학 : 고전적 행정이론과 정책

독일의 관방학은 독일의 발전을 위한 수단으로 탄생하였고, 미국의 윌슨 행정학은 정치와 엽관제가 행정의 영역을 과도하게 침범하여 국가 경영이 비효율성에 노출되는 문제를 해소하기 위한 실천적 수단으로 등장하였다.

과학은 연구 대상과 연구 방법이 있어야 한다. 행정학은 행정 현상을 기술(description), 설명(explanation)한다. 나아가 미래를 예측(expectation)하고 그 처방(prescription)을 정책학이 한다. 즉 행정학은 사실(sein : being)에 관한 연구를, 정책학은 가치 또는 당위(sollen : should)를 다룬다.

이론과 정책은 시대와 상황에 따라 변화한다. 과학적 관리법은 행정을 전문화· 효율화하였다. 산업화·기계화로 대량생산과 대량소비 시대에 적합한 모형이다. 조직의 공식적(법률적·성문규칙) 구조를 중시하고, 합리적·경제적 인간관(X 인간 모형)이 고전적 행정이론의 내용이다. 엽관제 인사의 폐해를 극복하려 실적주의를 도입했던 시기이다. 미국의 사기업에서 처음 도입된 직위분류제도는(정책의 관점에서 보자) 1923년 워싱턴 D.C에 적용되기 시작했다. 분류법으로 공직을 직무급 보수 시스템을 도입하였고, 램스팩 법(1940)으로 공정한 채용, 승진 및 보수관리로 인사관리의 효율성을 추구하였으며, 개정된 분류법(1949)으로 연금 등 인사제도를 발전시켜 나가고 있다. 이러한 법률과 제도(정책)는 행정 분야에 새로운 바람을 불어넣기 위한 정책 전환이다[14]. 정책은 이론과 별개로 존재하는 섬이 아니다. 이론과 정책은 상보적 관계에 있음을 유의해야 한다.

---

14) 독자는 저자의 고전적 조직이론과 정책의 상관성을 고찰한 내용을 유추하여, 신고전 및 현대 이론, 신공공관리 및 신공공서비스론이 각각 포함하는 정책 내용을 설명할 수 있기를 바란다.

4. 행정·정책 연구 대상

공공성 · 합리성[15]

개인의 합을 사회(공동체)로 볼 것인가, 사회 공동체의 독특한 속성이 있다고 볼 것인가는 연구자의 가치관과 관심에 좌우된다. 사회는 두 사람 이상 복수로 구성되고, 사회학자 짐멜은 3인 이상을 의미 있는 사회적 관계라고 한다. 세 사람의 관계는 두 사람이 연합하여 한 사람을 소외시킬 수 있고, 다수결의 원칙에 따른 선택이 가능하다. 다수의 사람이 시·공간을 공유하게 되면 개인들의 선호를 조정하거나 집단적 의사결정에 따른 의사결정 방식 등 다양한 갈등 상황에 직면한다. 공공성은 다수의 사람이 모여 형성된 집단의 특성이다. 공공성을 정의(definition)하는 주체도 시대에 따라 변한다.

공공성은 고대부터 사용된 개념이다. 로마는 다수 평민의 요구를 공공성으로 정의한다. 중세는 영주가 공공성의 범위를 정했다[16]. 고대와 중세는 근대에 비해 공공성과 사적 영역의 구분이 명확하지 않았다. 근대 자본가 계급(제3세력)의 등장은 재산권과 자유권을 명확하게 보장받아 사적인 영역을 설정하는 계기가 되었다[17]. 근대의 생명, 자유, 재산권의 보장을 위해 국가권력을 분리하는 권력분립의 원리가 등장했다. 만인과 만인의 투쟁으로 알려진 홉스는 야경국가, 자유방임 국가를 주장했다는 데 주의해야 한다. 자연 상태에서의 인간(인민[18]이라고 한다)은 투쟁과 갈등으로 무질서하므로, 인민이 가진 주권은 주권자(국가)에게 이양해야만 한다. 국가는 국방 및 치안 등 질서유지 기능만을 최소한으로 수행하고(경찰국가, 야경국가, 자유방임 국가), 경제생활 등 다른 영역은 자유방임주의 정책을 시행해야 한다고 보았다.

---

15) 공공성과 합리성에 대한 보다 상세한 내용은 (행정이 인문을 만나다, 2024)를 참조하기 바란다.

16) 에드워드 기번의 로마제국쇠망사에 따르면, 옥타비아누스 황제는 당시 백성의 인권을 보장하지 않았다는 평가하고 있다. 인권과 자유의 척도로 냉철하게 평가하는 태도에서 서양 철학의 바탕을 읽을 수 있다(동양의 송양지인과 비교).

17) 대한민국 헌법 제12조부터 제23조까지 참조.

18) 인민은 국가 이전의 자연 상태의 인간 모습을 표현한다. 국가 내의 인민을 뜻하는 국민의 개념과 구별한다.

이로써 근대의 자유(개인)주의가 발달하게 된다. 홉스와 달리 루소는 자연으로 돌아가라고 하면서 태초의 인간은 서로 존중하고 평안한 관계를 맺고 있다고 보았다. 성선설에 가깝다. 홉스는 질서유지 기능이 공공성의 범위에 속하는 것으로 보았고, 루소는 인간의 협동행위를 공공성의 특징으로 보고 있다[19]. 현대사회의 공공성은 다수의 국민과 관련된 개념이다.

> 2024년 7월 21일 바이든 미국 대통령이 대선 레이스에서 물러난다고 밝혔다. 바이든 대통령은 "여러분의 대통령으로 봉사할 수 있었던 것은 큰 영광이었다. 남은 임기 동안 대통령의 직무에 집중하는 것이 최선의 국가이익이라고 믿는다"고 말했다. 그는 미국의 경제 위기 극복, 노인에 대한 처방약 비용을 낮추는 등 각종 정책 성공 사례를 들면서 "이 모든 것은 여러분, 미국 국민 없이는 불가능했음을 알고 있다"고 강조했다[20].

공공성이란 다수의 사람과 관련한다. 경제 대공황 극복과 사회복지 정책 등 국가의 개입 영역이 넓어질수록 공공성의 범위도 변화·확대한다. 저출생 현상은 과거에는 개인의 문제라고 하였으나, 이제는 공공성의 영역에 속한다. 공공성의 영역이 행정학의 연구 대상이 되며, 공공성의 문제를 해결하기 위한 정부의 대응과 처방이 정책학의 연구 대상이다.

사바스(Savas)와 오스트롬(Ostroom) 등은 재화와 서비스를 배제성과 경합성 여부에 따라 사유재(시장재), 공유재, 유료재, 공공재로 구분한다. 배제성(exclusiveness)과 경합성(rivalry)의 속성을 갖는 민간(사적)재의 배분은 시장의 수요와 공급에 따르는 가격 기구(price mechanism)에 의존한다. 배제성도 경합성도 없는 공공재(재화 또는 용역)는 시장에 맡기면 생산·공급이 되지 않거나 사회적으로 바람직한 양보다 적게 생산된다. 가격이 시장의 효율적인 자원 배분 역할을 담당하

---

19) 주장의 전제로만 보면, 홉스는 전체주의적 입장에 가깝고, 루소는 방법론적 개인주의의 입장이다. 역설적으로 홉스는 자유주의자들이, 루소는 전체주의자들이 주장의 근거로 인용한다는 데 주의해야 한다. 사회과학에서 종종 나타나는 현상인데, 에릭 프롬이 자유로부터의 도피에서 자유를 수호하기 위한 악함을 가져야 한다는 지적이 있다. 존중과 겸손 및 이해(understanding)의 태도는 배움과 지혜를 담는 그릇이 된다. 교만과 집착은 타자의 용서와 사랑을 받지 못한다.

20) 대통령의 정책은 국민이 정당하다고 인정해야 한다는 점을 시사한다. 한국경제(인터넷). 바이든 대선 후보 사퇴.. 해리스 부통령지지. 2024. 7. 22일 자 참조.

지 못하는 현상을 시장실패(market failure)라고 한다. 시장실패의 영역에 국가나 공공기관이 개입한다. 정부기관이 공공재의 공급과 생산에 적극 개입한다. 정부가 시장에 직접 개입하면 X-비효율이 나타나므로 민간의 자율규제 등 제3의 방식을 제안한다(오스트롬 등 공공선택론자). 재화와 서비스가 배제성과 경합성이 없는 공공재를 현대적 의미의 공공성 개념에 포함할 수 있다. 공공성은 행정·정책학 연구의 대상이 된다. 행정연구에서 합리성의 개념도 자주 등장한다.

합리성이란 목표 또는 가치를 달성(도달)하기 위한 수단(계산)적인 작업이다. 계산의 근거는 이성, 추상적 개념, 가치, 법칙 등이다. 르네상스(Renaissance) 이후 개인의 이성을 재발견하면서, 다시 새롭게라는 뜻의 접두어 'Re'를 앞세워 사상의 체계를 새로 구축하고, 과학적 체계를 정비했다. '신은 죽었다'고 니체가 선언하면서 중세의 신 중심 세계관은 근대의 인본주의관점으로 전환하였다. 인간이 주인이 되어 이성과 과학을 도구 삼아 자연을 대상(타자)으로 인식하는 합리성의 개념이 등장했다. 유럽 행정학의 시작을 알린 막스 베버는 합리성의 증가와 이념형(ideal-type)으로서 관료제 등장을 연계하였다. 베버는 합리성의 증가를 근대의 특징이라고 하였다. 근대화란 합리성이 세속화(secularization), 일상화, 일반화하는 것이라고 한다. 사회 전반에 합리성이 증가하는 합리화(rationalization)는 문제해결능력이 높아진다는 것이다. 베버의 관료제는 합리화의 조직적 결정체라고 할 수 있다. 문제해결을 위한 기계적· 도구적인 수단인 관료제가 개인의 자유를 억압하고 민주주의에 위협이 되는 관료제의 역설 현상을 우려하였다. 합리성과 합리화는 다양한 차원에서 논의될 수 있다. 베버는 이념형으로서의 행위 유형을 목적합리적 행위, 가치합리적 행위, 감정적 행위, 전통적 행위로 구분한다. 가치합리적 행위란 윤리적, 심미적, 종교적 등 행동 자체의 가치에 대한 믿음에 따라 결정하는 행위를 말한다. 목적합리적 행위란 환경의 대상과 다른 사람의 행동에 대한 기대들에 의해 결정되는 행위로서 목적, 수단, 그리고 그 결과들을 합리적으로 계산할 때 그 행위는 도구적으로 합리적이라는 것이다.

칸트는 인간이 이성(정신)을 사용하는 것을 계몽이라고 하였다. 칸트의 도덕원칙은 보편성을 가지고(제1원칙), 인간은 목적적 존재로 대우해야한다(제2원칙). 인간의 자율성과 이성 능력을 인정한다. 베버도 인간은 이성을 통한 자유의지를 가져 목표를 스스로 세우고 그에 적합한 수단을 찾는 합리적인 과정에서 자유를 느낀다고 보았다. 인간의 이성과 자율 의지(인격권)는 재산권 등 자유주의 사상의 근간이 된다. 반면에 감정에 기초한 감정적 행위나 전통에 근거한 전통적 행위는 이성의 자율적인 작동에 방해가 되는 비합리적인 행위라고 보았다[21].

합리성은 개인과 사회의 차원으로 구분해 볼 수 있다. 사회적 차원의 합리주의는 사회 전반에 삶의 원리로 일상화되는 과정을 말하고, 개인적 차원의 합리성은 개인의 생각과 행동의 일반원리로 되는 과정을 말한다. 사회적 차원의 합리주의는 과학적 기술적 합리주의, 형이상학적 윤리적 합리주의, 실천적 합리주의 등을 포함한다. 개인적 차원의 합리성은 실천적 합리성(목적-수단의 관계를 정확히 계산하는 성향), 이론적 합리성(추상적인 개념을 통하여 실재를 파악), 실질적 합리성(계산에 의한 행동이 아니라 과거와 현재 및 잠재적인 '가치'에 의존하여 문제를 인식하고 판단), 형식적 합리성(보편적인 규칙이나 법칙을 전제로 수단-목적 관계에 관한 계산을 정당화) 등의 의미를 포함한다. 베버의 관점에서 실질적 합리성은 합리성과 비합리의 중간 영역에 위치한다.

21) 이성과 감정을 대립 이항으로 보는 관점이다. 이성과 감정은 상호작용한다. 프로이드, 융 등은 무의식의 영역을 중시한다.

5. 행정연구의 방법 : 행정과 측정

학문이 성립되려면 연구 대상과 방법이 있어야 한다. 윌슨 행정학의 정치행정이원론 또는 행정·경영일원론은 정치의 영역에서 행정을 분리하면서 그 정체성(identity)을 찾고자 하였다. 최근의 행정 연구는 공익과 주민의 참여를 중시하는 신공공서비스론(NPS)이 등장하고 있다. 즉 시대의 관심과 요구에 따라 행정 연구의 대상이 변하고 있다.

한편, 연구 방법은 전통적으로 자연과학의 실험실 연구처럼 엄격한 사회과학적 연구 방법과 절차를 따라야 한다[22]. 과학이 추구하는 진리[23]에 도달하기 위하여 그 측정의 객관성이 중요하게 다루어진다. 연구자가 다르더라도 동일한 대상을 측정한 결과 값은 같아야(identical) 한다[24]. 관찰하는 현상을 측정 또는 계량하기 위해 척도(scale)를 사용한다. 척도는 명목척도, 서열척도, 등간척도, 비율척도 등이 있다. 사회과학 연구에서 주로 설문지를 활용하여 조사 대상을 측정하게 되는데, 주로 명목척도와 서열척도를 활용한다. 성별 등 조사 대상의 범주나 속성을 구분하기 위한 척도를 명목척도라고 한다[25]. 조사대상의 크기를 측정하여 대상의 서열을 측정하는 척도를 서열척도(5점 척도 등)라고 한다[26]. 현상을 척도로 측정한 값을 변수의 값이라고 한다. 변수란 변하는 숫자라는 뜻으로, 현상의 원인에 해당하는 변수를 원인변

---

22) 대표적으로 사이몬(H.A.Simon)의 논리실증주의가 있다. 일반적으로 사회 과학의 측정 방법으로 양적 방법과 질적 방법이 있다. 양적 방법은 계량 등의 기법으로 측정하는 것이고, 질적 방법은 인터뷰 등의 방법으로 측정하는 것을 말한다.

23) 진리가 존재하는가의 문제는 철학자들의 관심 사항이 되었다. 플라톤의 이데아론이 진리를 전제로 한다면, 현대의 포스트모더니즘과 물리학에서의 양자역학은 현상과 관계를 중시하는 것으로 절대적인 진리를 전제하고 있지 아니하다.

24) 반복적인 측정 결과값이 동일하게(일정하게) 나타날 때 그 연구 방법은 신뢰성이 있다고 한다. 또한 연구에 적합한 대상을 측정하는 경우 타당성이 있다고 한다.

25) 여성=0, 남성=1, 정책이 있다=1, 정책이 없다=0 등이다. 더미변수(dummy variable)로 활용하기도 한다.

26) 매우 좋다=5, 좋다=4, 보통=3, 나쁘다=2, 매우 나쁘다=1

수 또는 독립변수라고 하고, 그 변수에 영향을 받는 변수를 결과 변수 또는 종속변수라고 한다. 또한 현상에 이름을 붙인 것을 개념이라고 한다. 추상화된 개념과 개념의 관계 또는 원인변수와 결과 변수와의 잠정적 관계를 문장으로 표현한 것을 가설이라고 한다. 가설이 검증[27]을 통해 일반적으로 받아들여지면 이론이 된다. 즉 개별적이고 구체적인 현상들의 공통된 속성을 발견(검증)하고, 이러한 과정으로 일반화·추상화된 이론을 정립하게 된다. 역으로, 일반적 · 추상적인 이론을 기반으로 다양한 개별 사례에 적용 · 설명(explanation)[28]하여 복잡한 현상을 이해하기 쉽게 한다[29]. 이론은 시간과 공간(지역)을 초월하여 인과관계를 설명하는 힘을 가진다.

---

27) 가설을 검증하기 위하여 귀무가설과 대립가설을 설정하게 된다. 귀무가설은 Ho=0으로, 대립가설은 Ho≠0으로 각각 설정한다(양측 검증인 경우). 귀무가설이 영으로 두고 통계분석을 하게 되는데, 이 의미는 샘플을 분석한 잠정적인 결과치가 현실설명력을 가지는 통계적 의미를 가지려면 귀무가설이 기각되어(영이 아니라는 의미)야 한다는 것이다. 즉 귀무가설이 기각되지 않고 채택된다면(영이라는 의미), 통계적으로 얻어진 계수 값(어떤 상수값)이 통계적으로 유의미하지 않다는 것이다. 왜냐하면 귀무가설로 그 계수 값을 영으로 설정했는데, 그 가설이 채택되었다는 뜻은 계수 값이 영이라는 것으로 알파 값에 붙은 변수의 영향력이 영(제로)이라는 뜻으로 아무런 영향력을 미치지 못한다는 것이기 때문이다. 따라서 통계분석자는 귀무가설을 기각하는 데 관심을 둔다. 귀무가설을 기각하기 위하여 알파 값이 0.05(또는 0.1)보다 적다는 것을 보여주고, 통계로 구한 알파 값이 그보다 적어 기각 역에 들어 귀무가설을 기각하면, 통계적으로 구한 변수의 값이 통계적으로 유의미하다는 결론(대립가설은 영이 아니다 즉 통계적으로 구한 어떤 상수값이 의미를 가진다)에 도달하게 되는 것이다. 이 과정에서 통계학자는 주로 정규분포를 활용하게 되는데, 정규분포표에서 각각의 알파 값을 공시해 주고 있어 편리하게 활용할 수 있기 때문이다.

28) 현상을 묘사하는 것을 기술(description)이라 하고, 현상을 원인과 결과(인과관계)로 기술하는 것을 설명(explanation)이라고 한다.

29) 법원의 법관(판사)는 개별·구체적 사안을 일반적·추상적 법조문에 포섭하는 방법으로 판결을 한다.

6. 정책학의 발달

> 라스웰은 정책학을 정책에 관한 지식과 정책 지식을 연구하는 학문이라고 하였다. 정책학은 두 기둥, 정책분석과 권력을 초석으로 한다. 분석은 전문성과 경제적 합리성을, 권력은 갈등을 타협하는 정치적 합리성과 관계한다. 권력 작용은 대부분 규칙에 따르는 정책결정자 간의 협동행위이고, 정책분석이 혼합되어 그 성질을 변화시킨다.

인간 문제의 해결과 인간 존엄성을 회복하기 위해 정책에 관심을 가져야 한다[30](라스웰 정책지향(policy orientation) 1951년[31]). 당시는 가치와 사실을 분리하고 사실을 실증적으로 연구하는 행태론이 유행했다[32]. 1960년대 말부터 미국은 흑인

---

30) 라스웰이 인간존중의 정신은 현대 디지털 문명사회에서도 시사하는 바가 크다. 인공지능의 시대가 성숙하면서 인문학(문학·철학·역사학)에 관한 관심과 지원이 동시에 수반돼야 한다.

31) 신은 죽었다는 니체의 절규는 근대의 이성주의, 합리주의, 개인주의의 발견과 관련이 깊다. 중세의 신 중심 세계관은 인간은 신의 계시를 받아 결정과 행동을 하게 되는데 반해, 근대의 이성 중심 세계관은 인간이 스스로 자율적인 행동을 선택하게 되었다. 계몽(enlightment)는 빛을 밝힌다는 뜻인데, 중세의 신의 빛에서 근대 인간 이성의 빛으로 세상을 밝히면서 과학이 발달하게 되었다. 인간은 사회는 진보할 것이라는 믿음을 가지게 되었다. 그러나 20세기 들어서면서 1, 2차 세계대전과 경제 대공황 및 빈곤의 문제가 발생하면서 실증주의와 과학의 진보에 관하여 회의적인 시각이 등장하게 된다. 1940년대 이후 포스트모더니즘(post-modernism)은 현대(드러나고 나타나는 현실) 이후라는 뜻으로, 객관적, 실증적, 측정 가능한 것, 구분하고 분류할 수 있어 분석할 수 있을 것, 이성적으로 이해할 수 있을 것 등 모더니즘이 추구하는 가치와 전제들을 비판적 관점에서 재조명하려는 사조를 말한다. 해석학적 행정학, 현상학(대상에 대한 주관적 경험과 의미를 발견하여 본질을 파악하려는 철학 사조)적 행정학 등은 후기모더니즘에 속한다. 주관적, 반이성적, 비합리적, 융합 등 전통적 과학주의를 뛰어넘는 주제를 다룬다. 포스트모더니즘의 철학 사조는 이전의 행태 주의(사이몬의 의사결정론)를 극복하고 포스트행태주의를 낳게 된다. 정책학의 태동도 이 시기와 맞물려 있다는 데 유의해야 한다.

32) 행태주의자 사이먼(H.A.Simon)은 행정을 인간의 협동행위라고 정의한다. 고대부터 행정은 존재했다. 공자(BC 551-479)도 왕의 정책을 자문해 줬다고 한다. 한편 과학의 진화와 발전은 역사성을 가진다. 라스웰이 인본주의 관점에

폭동이나 월남전의 후유증을 극복하기 위한 사회복지 정책을 추진하였다. 정치학의 새로운 혁명으로서 가치와 실행을 강조하는 탈(후기) 행태주의(post-behaviorism)가 등장하였다. 빈곤 퇴치(war on poverty) 등 사회 문제를 적실성(relevance) 있게 해결하자는 시대적 요구에 따라 정책학이 본격적으로 등장하였다. 정책학은 현실의 문제를 해결하는 처방적·수단적 성격을 가진다.

> 대한민국 정부가 추진한 의료개혁정책에 전공의가 반발하며 병원을 떠났다. 정책은 정부의 의지와 국민의 지지만으로 성공하지 못한다는 사례이다. 의사 증원에 관한 합리적인 예측(분석)에 따른 정책 못지않게 권력 작용을 고려해야만 한다.

라스웰은 정책학은 정책에 관한 지식과 정책(과정)에 관한(필요한) 지식(knowledge of policy/ in policy)을 다룬다고 보았다[33]. 즉 정책에 담긴 내용물에 관한 지식(환경정책, 경제정책, 교육정책 등)과 정책을 형성하는 틀(시스템)에 관한 지식으로 구분했다. 정책 과정에 대한 지식이란 일련의 과정을 거쳐서 정책이 산출되고, 집행하고, 결과를 평가하여 환류하는 과정과 관련한 지식체계이다. 정책의 지식이란 정책이 해결하는 사회 문제와 그 해결책에 관한 전문 지식이다. 따라서 정책정향(policy orientation)의 범위는 학제 간(interdisciplinary) 성격으로 확대된다. 환경정책은 환경에 관한 실정법, 물리적, 환경 과학 등에 관한 지식과 경험으로 형성된다. 정책학은 문제를 해결하기 위하여 미래를 예측하고, 처방(prescription)하는 종합 학문이다. 정책은 사회 문제를 해결하는 독립변수가 되고, 사회 구성체가 산출하는 종속변수도 된다. 즉 정책은 사회를 개선하고, 인간의 행복과 존엄성을 실현하려는 것이다. 정책은 공익 및 행복 추구를 목적으로 한다. 공익과 행복 및 인간의 존엄은 추상적 개념으로, 첨예하게 대립하는 갈등과 권력이 정책 과정의 특징이다. 정치행정일원론에 따른 행정연구가 정책을 중심으로 다룬다.

서 정책학을 제안한 배경에는 그 당시의 실증주의 과학 방법으로 계량과 객관적 분석이 가능했고, 제2차 세계대전에서의 원자력 폭탄의 비인간적인 파괴를 다시 반복하지 않아야 한다는 판단이 작용한 것이다.

33) 라스웰의 knowledge of policy는 정책의 지식으로 번역이 가능하고, 정책 내용에 관한 지식을 의미로 한다. knowledge in policy는 정책이 놓여 있는 체제 내지는 시스템으로 또는 정책의 틀이나 형식이다.

보강 : 계량(실증)과 측정

정책은 현실을 목표 상태로 만들려는 전략 또는 행동 지침이다. 정책의 출발은 현실을 정확하게 인식하는 것이다. 현실을 인식하는 방법으로 주관주의, 객관주의, 실재론, 명목론 등이 있다. 18세기 과학주의 시대에는 자연과학의 실험실 연구 방법과 유사한 실증주의 및 계량과 측정을 중시하였다. 가치와 사실을 분리하고, 객관적으로 관찰 가능한 사실의 영역에 대하여 인과관계를 밝혀 원인을 통제(관리)하여 원하는 결과를 얻으려는 연구 방법을 중시하였다. 객관적 사실과 자료들은 평균값, 중간값, 표준편차 등으로 현상(자료)을 설명한다. 다수의 자료를 수집하면 그 자료는 정규분포의 형태를 취하게 된다는 중간극한값 가설 등도 현실을 수학적으로 표현하는 것이다. 조사방법론 또는 계량행정론 과목을 통해 학습하게 될 상관 분석, 회귀분석 등 각종 자료 분석 방법에 친숙해지기 위해 통계패키지를 활용하자. 엑셀의 데이터 분석을 통해서도 기초적인 통계분석이 가능하므로, 정부 등 공공기관이 발표하는 데이터를 엑셀로 분석하는 것도 과학적인 현상 이해에 도움이 된다.

〈회귀분석〉 수학 시간에 배운 단순한 방정식, y=ax+b를 보자. 그래프로 표현하면 x축을 횡축으로, y축을 종축으로 하고, a는 기울기이며, b는 y축과 만나는 지점(절편)이 된다. 과학이 규명하는 인과관계의 관점에서 x는 원인(독립)변수가 되고 y는 결과(종속)변수가 된다. x값이 한 단위 변하면 y값은 x값에 a를 곱한 만큼 변한다. 정책은 x값의 변화이다. 이자율(금리)를 높이는 정책(금융정책)은 일반적으로 투자지출을 억제하고, 물가(인플레이션)을 안정화하는 수단이다. 투자지출 및 물가에 미치는 영향요인으로 금리변수 외에 많은 변수가 있다. 회귀분석은 모형에 독립변수를 추가하여 통제(다른 모든 조건이 일정하다고 가정하고)한 후 한 변수의 증감이 종속변수의 증감에 미치는 영향력을 살피기에 유용하다. 다음의 다중 회귀분석 모형을 살펴보자. y=ax1-bx2+cx3+error term(오차항), x1=통화량, x2=이자율, x3=기대, y=물가. 통화량과 물가의 관계를 이자율과 기대를 통제(이자율과 기대 등 변수들이 일정하다고 가정, all other things are being equal)하고, 통화량이 한 단위 증가하면 물가가 상승하는 관계를 설명한다. 깊이 공부한 학생은 예시된

회귀모형의 오류를 발견할 것이다. 통화량은 물가에도 영향을 주지만 이자율에도 영향을 준다[34]. 따라서 예시 모형은 다중공선성(multicollinearity: 독립변수 간에 높은 상관성이 있는 문제)의 문제로 잘못된 모형의 예시이다. 연구모형을 설정할 때 기존의 이론에 관한 깊이 있는 이해와 성찰이 선행되어야 모형 설정의 오류를 최소화할 수 있다. 잘못된 모형으로 분석하면 색안경을 쓰고 세상을 보는 오류를 범한다.

34) 통화량의 증가와 인플레이션과의 정(+)의 상관성은 피셔의 교환방정식에 따른 것이다. 이자율과 물가수준의 관계는 케인즈의 유효수요원리에 따른 것이다. 케인즈는 이자율을 낮추면 기업이 투자지출을 늘린다고 본다. 이처럼 모형을 설계하려면 이론을 숙지하고 있어야 한다.

제2강 정책 결정의 기초와 주체

정책은 권력 작용이다. 권력이 정책을 결정하고 집행하는 힘이다. 다원주의·민주사회에서 권력은 다수의 사람 또는 집단이 행사한다. 정책은 권력자들의 복잡한 상호작용의 산물이다.

1. 정책과 정책 결정의 개념

정책이란 권위[35] 있는 정부 기관이 공공의 문제(공공성)를 해결하기 위하여 선택한 행동 노선이다[36]. 정책은 문제[37]를 해결하기 위한 목표·가치를 추구한다. 정책은 문제 인식과 그 해결 방법 간의 인과관계 지식을 포함한다. 미래의 불확실성과 위험[38]으로 복잡성과 추상성 및 변동 대응성이 있다. 사회의 가치를 권위적으로 배분한다[39]. 정책은 주체(정부 기관), 목표, 가치(판단), 수단(행동 노선), 정책 대상 집단(사람)[40] 등으로 구성된다. 정책은 권위 있는 정부 기관이 결정·집행하는 미래의 행동 노선이다. 권위 있는 정부 기관은 행정부(집행부)뿐만 아니라 의회(국회, 입법부)와 사법부 등 국가기관을 말한다. 권위란 정당성을 획득한 권력이다. 권력이 권력의 행사자가 정의한 것이라면, 권위는 그 권력을 수용하는 사람(집단)이 그 권력에 정당성을 부여하는 것이다. 막스 베버는 권위의 근거로 전통적 권위, 카리스마적 권위, 합법적 권위로 나눈다. 현대 사회는 국민의 대표기관이 입법부(국회)가 제정한 형식적 의미의 법률에 그 정당성을 인정하는 합법적 권위이다.

> 정책은 문제를 해결하기 위한 수단 및 목표 지향성을 가지고, 상황 변화에 대응하는 변동 대응성 및 가치 배분, 인과 관계성, 공식성, 강제(권위)성, 정치적 합리성과 경제적 합리성을 포함하는 양면성 등 다양한 속성을 가진다.

---

35) 권위=권력+정당성(legitimacy)이다. 권위란 권력의 대상자가 그 권력의 힘을 인정·수용하는 것이다.
36) 개념을 소위 육하원칙(누가, 언제, 어디서, 무엇을, 어떻게, 왜)을 중심으로 정의해 보자.
37) 문제=목표-현실, 문제는 목표와 현실의 차이(gap)이다. 현실에 만족하고 안주하면 문제는 없다. 문제는 상대적이다.
38) 불확실성(uncertainty)은 확률변수를 알 수 없는 경우를, 위험(risk)은 확률변수를 알 수 있는 경우로 각각 구분한다.
39) 이스턴(David Easton)은 정치를 가치의 권위적 배분이라고 했다. 국가를 하나의 시스템으로 간주한다면, 그 가치와 자원은 크게 시장(market)의 가격기구와 정부 계획(정책)의 방법으로 배분한다.
40) 이익을 주는 사람, 이익을 받는 사람(윌슨의 규제정치).

정책을 결정한다는 뜻은 공동체(공공)의 문제를 해결하고, 공익을 달성하기 위하여(공익은 시대에 따른 행정 이론의 변화에 따라 변함), 미래의 행동 대안을 선택하는 것이다. 인사, 재무, 조직 등 행정은 문제해결 능력을 높이고 효율성과 생산성을 향상해 나가기 위한 수단적이고 보조적인 활동이라면,[41] 정책은 문제 해결의 처방을 직접 제시하고 실행하는 활동이다. 정부는 국민으로부터 징수한 세금[42]과 국민의 요구 및 지지, 정보 등을 투입 요소로 하여, 질서유지와 사회복지 등 다양한 공공서비스(정책)[43]를 산출(제공)하고 있다. 행정은 그 산출(정책)을 통해 행정 목표를 효율적으로 달성하려는 것이다. 행정이 정책을 집행한 결과물이 국민이 제공받는 공공서비스이다. 행정과 정책은 계획(plan)-실행(do)-평가(see)의 순환 과정이다. 행정이 실행하려는 계획(plan)은 기획(planning)의 결과인 계획서, 재무행정의 예산서, 정책 결정론의 정책 등이다. 계획은 그 집행기관이 집행하고, 국회, 감사원 등 평가 기관은 목표 달성 등 그 산출물을 평가하고. 행정시스템에 환류(feedback)한다.

---

41) 행정서비스를 크게 두 종류로 구분한다. 기획, 조직, 인사, 재무 등 행정조직 내 부서를 대상으로 하는 서비스와 보건·복지지출 등 행정조직 외부 주민을 대상으로 제공하는 공공서비스(정책)가 있다. 행정조직 내 서비스 제공 부서의 조직 영향력(승진, 교육훈련 파견, 성과급 산정 등)이 상대적으로 더 큰 경향이 있다.

42) 전통적으로 세금은 국가가 반대급부 없이 강제적으로 물적 재화를 동원하는 것이라고 한다. 서비스에 대한 반대급부로 받는 수수료 등과 구분하기 위한 개념 정의이다. 그러나 엄밀하게 사고해 보면, 세금 역시도 국가가 제공하는 공공서비스에 대한 반대급부적인 성격이 매우 강하다. 공공서비스를 제공하지 않는 것처럼 보일지라도(visual) 국가는 국방과 치안 등 기본적인 질서유지 기능으로 국민의 안전을 보호하기 때문이다. 경제성장의 침체기 또는 안정기에는 국가의 재정 규모도 정체하는 반면, 재정·금융 등 정부 정책에 대한 요구는 높아진다. 이 과정에서 재정 적자가 누적되기도 한다. 정부의 지출 구조를 지속적으로 개혁해 나가야 할 필요성·당위성이 여기에 있다. 한편 재정의 자동안정화기능을 중시하는 프리드먼은 정부가 시장에 직접 개입하는 정책을 반대한다.

43) 일선기관 또는 창구 업무를 담당하는 주무관(공무원)의 역할은 매우 중요하다. 과거에는 행정의 계층성과 지휘·명령권에 따라 상관이 하급자를 지휘하고 통제하므로 상급자의 권한 행사를 주된 연구 대상으로 했다. 현대 사회에서 신공공서비스론이 대두하면서 고객(민원인)을 직접 응대하는 주무관의 판단과 선택 및 공공서비스의 적극적인 제공은 국민의 행정 서비스 만족도를 결정하는 가장 중요한 요인이 된다. 지방자치단체의 예산의 약 30% 이상이 복지 부문이 차지하는 등 복지서비스 행정 공무원의 역할과 기능은 커지고 있다. 복잡한 복지 행정 서비스 제공 절차와 기준을 정확하게 알고 있어야 고객의 요구에 맞춘 서비스를 제공할 수 있다. 개정된 최근의 지원 기준을 숙지하지 못해 서비스를 제공하지 않거나 법령에 못 미치는 서비스를 제공하면 국민의 기본권(인권)을 침해한다. 무엇보다 고객의 요청에 따뜻하게 응대해야 한다.

2. 정책의 유형

나누고 분류하는 분석하는 방법은 과학 연구의 출발이다. 비슷한 속성별로 묶어 범주화하고, 그 속성을 비교하며 차이를 연구한다. 미식가를 음식 맛을 구분하는 능력이 발달한 사람이라고 인정한다. 커피의 향과 맛을 구분하는 사람을 전문 바리스타라고 한다. 근대에 인간 이성과 과학이 발달하면서 관찰 가능한 현상을 나눠 개념(이름)을 붙여 구분한다. 정보기술의 발달로 현대는 융합의 시대이다. 포스트모더니즘은 칸막이를 없애 진리와 현상, 선과 악, 여와 남 등 이분법적 대립의 틀을 깨뜨린다. 선과 악도 상황이 변하면 도치된다. 절대적으로 영원한 것은 없다. 세상 만물은 상대적인 것이다.

일반적으로 익숙한 정책 구분 방법은 기능적인 분류 방법이다. 대한민국 정부도 중앙행정기구를 기능을 기준으로 분류한다. 국방 정책, 노동 정책, 환경 정책, 경제정책, 교육 정책 등 정부 중앙행정기관[44] 소관의 각 부처의 정책이다. 기능별 분류는 국민이 이해하기 쉽고 통제하기에 용이하다는 장점이 있다. 단점으로는 정책 간의 연계와 상호 관계(상관성)를 파악하는 데 한계가 있다는 것이다[45].

로위(Theodore Lowi)는 분배정책, 규제정책, 재분배정책으로 정책을 분류하고 있다. 분배정책이란 나누어주는 것을 내용으로 하는 정부의 행동 노선으로, 연구개발비 지원 사업, 국·공유지 불하정책, 사회간접자본 투자 및 건설 등이 해당 한다[46]. 프리드먼(M. Friedman)은 분배정책과 관련한 수혜자(이익) 집단, 의회(국회) 상임위

---

44) 기획재정부 등 19개 중앙행정기관이 있다(정부조직법 참조).

45) 행정기관을 기능별로 구분하는 경우, 민원인(정책 소비자)은 민원 서비스를 제공받는 데 불편함을 경험하게 된다. 영업허가를 신청하는 경우에 다수의 기관을 방문해야 하는 경우가 허다하다. 행정조직 개혁으로 seamless government를 제안하는 이유이다.

46) 국가를 하나의 시스템으로 본다면, 국가 시스템이 자원을 배분하는 방식은 크게 시장과 정부로 구분할 수 있다. 자본주의 시장경제 체제에서 가격기구는 자원을 배분하는 데 중요한 역할을 담당하고 있다. 가격에 의한 자원 배분이 제대로 이루어지지 않는 시장실패 현상에 대응하여 정부는 계획(정책)을 수단으로 자원을 배분한다. 정부의 공공재 공급은 정책을 통한 자원배분의 대표적인 사례이다.

원회[47], 정부 부처의 공무원 등 행위자(agency)를 철의 삼각형(iron triangle)이라고 했다. 정부의 예산을 밀약하여 배분받는 실태를 꼬집은 것이다. 수혜자 집단 또는 규제 집단이 정책 결정을 좌지우지하는 실태를 행정학자들은 포획(capture)이론으로 설명한다. 국가를 하나의 유기체로 간주하는 (경제학 정향)학자들이 분배정책을 주목하는 데 반하여, 국가는 다양한 선호 또는 집단이 충돌하는 갈등의 장으로 파악하는 정치학 정향 학자들이 있다[48]. 이들은 정부의 정책은 갈등과 협상을 조정하여 갈등과 긴장을 완화하는 것으로 본다. 공정거래위원회의 독점규제 정책이 규제정책의 대표적인 사례이다[49].

> 티몬·위메프의 환불대란 문제가 있다. 정보화의 진전은 인간 상호작용에 따른 거래비용을 감축한다. 티몬 등 중간거래 플랫폼은 생산자와 소비자의 교환을 효율화하고, 정보비대칭 문제를 보완하는 등 생산자의 판매비용과 소비자의 선택(시간·기회)비용을 절감한다. 티몬과 위메프의 판매자 정산금 미지급과 소비자 환불 불가 사태는 중간거래 플랫폼의 불완전성 및 불신을 키운다. 정보통신(IT) 기술의 발달로 인터넷 뱅킹 등 생활의 편리성과 효율성이 높아진 반면, MS발 세계 IT대란으로 전 세계의 공항업무가 마비되었다. 아날로그 시대와 달리 디지털 시대의 신속·정확·빠름을 즐기려면 해킹 등 사이버 보안과 가외성(redundancy 또는 중복투자)에 관한 고려가 따라야 한다. 높은 효율성을 지향하는 시장의 원

---

47) 국회상임위원회는 전문성과 효율성 확보, 지역구민의 이익 반영, 정당의 정책 실현 등 다양한 연구관점이 있다. 공통적으로 본회의의 높은 거래비용을 줄여 위원회 조직의 정당성을 인정한다.

48) 린드블롬(Lindblom)은 정책을 "집단 간의 타협과 조정의 산물"로 본다. 정책을 정치의 관점에서 연구하는 학자는 사회를 구성하는 집단들의 목표다양성을 인정하고, 집단 간의 갈등을 필연으로 간주한다. 갈등을 조정·타협하는 것을 제1목표로 한다. 반면 경제의 관점에서 정책을 연구하는 학자는 국가사회도 하나의 유기체로서 단일의 상위 목표를 가진다고 본다.

49) 초기 투자비용이 많이 드는 산업(길게 늘어지는 평균비용 곡선)은 시장에서 공급되지 못해(시장실패 영역) 정부가 생산·공급하게 된다. 통신 산업도 이에 해당한다. 과거 한국 전기통신공사(공공기관)가 통신서비스를 제공하던 시절이 있었다. 이후 KT, LG U+, SKT로 민영화되었다. 통신 시장에 대하여 정부는 요금 정책 등 담합이 있는 경우 강력한 규제정책을 시행한다. 미국의 경우 AT&T에 대하여 정부가 규제(민영화)정책을 시행한 결과 오히려 기술개발 투자가 줄어들었다는 지적이 있다. 기술개발은 공공재적 성격이 강해 무임승차(free-rider)하려는 유인이 있다. 경쟁을 강화하기 위하여 통신 기업을 지역별로 별도의 민영화하는 정책을 추진한 결과, 통신회사들이 서로 눈치를 보면 기술개발 투자를 하지 않았다는 것이다(타 기업이 기술을 개발하면 그 기술을 활용하려고 했기 때문이다).

리를 정부가 보완해야 한다는 목소리가 있다. 티몬·위메프의 환불대란이 재발되지 않도록 정부는 결제시스템을 법령화하는 등 제도의 신뢰성을 확보하기 위한 노력과 관심을 가져야 한다. 신뢰라는 사회자본(social capital)이 바탕이 되어야 사회시스템은 원활하게 작동한다. 빛이 밝을수록 그림자는 짙다.

순수자본주의는 빈익빈 부익부를 초래한다. 자본이 증식하는 구조에서 자본가는 경제적인 부를 축적하게 되어 부의 불평등이 고착화된다. 정부는 누진소득세 등 조세정책과 사회보장지출 등 재분배 정책으로 부의 불평등 구조를 해소하려고 한다.

알몬드와 포웰(Almond&Powel)은 국가사회를 시스템[50](체제)적 관점에서 파악하면서 정책을 추출, 규제, 분배, 상징으로 구분한다. 추출 정책이란 징병[51], 조세 부과, 토지수용 등 사회의 자원을 정부시스템으로 끌어들이는(input) 각종 정책을 말한다. 규제정책이란 특정 집단을 통제함으로써 다른 특정 집단이나 개인을 보호하는 것을 내용으로 하는 정책을 말한다. 분배정책은 정부가 획득 또는 보유하고 있는 자원을 국민에게 나누어주는 정책을 말한다. 상징 정책은 사회문화적인 가치들, 즉 국경일 지정, 각종 정부의 행사, 교육 등 그 사회의 문화와 가치를 계승하고 사회화하는 것을 내용으로 한다.

행정학자가 외워두고 활용하기에 유용한 몇 가지 개념어로 강제적, 공리적, 규범적 개념이 있다. 조직을 분류하는 기준으로 알려져 있지만, 정책을 분류하는 데도 활용한다. 규범적 정책은 상징정책과 유사한 범주이고, 공리적 정책은 배분 및 재배분 정책과 닮았으며, 강제적 정책은 규제정책과 유사하다. 강제, 공리, 규범 등 세 가지 개념어는 행정학 각론을 공부하는 데 매우 유용하게 활용한다.

---

50) 시스템이란 일정한 목적을 달성하기 위한(기여하는) 구성 요소들의 집합이라고 정의해 두자.
51) 조선시대 노비 정책으로 노비의 수가 증가하게 되면서 징병 대상이 줄어드는 역효과를 가져왔다. 정책은 드러나는 장점 뒤에 숨은 단점이 있어 이중성(dualism)을 가진다. 균형된 시각으로 사물을 중립적으로 봐야 한다.

3. 정책 체제와 과정

우리는 인과관계 또는 일의 선후를 알 수 없을 때, 닭과 달걀 중에서 어느 것이 먼저인가를 질문한다. 행정학자들은 제도와 인간을 구분한다. 사물은 실재하는 데 반해, 인간은 실존[52]한다고 표현한다. 실존이라는 철학적 의미는 사물은 상황을 변화시키지 못하지만, 인간은 상황을 해석하고 의미를 부여하면서 상황을 변화시킬 수 있다는데 착안한 것이다. 시스템이란 일정한 목적을 달성하기 위한 구성 요소들의 집합이다. 정책 체제 또는 시스템(policy system)이란 정책과 정책이 만들어지는 제도적 형태를 말한다. 정책 체제의 구성요소는 공공정책, 정책 행위자(관련자), 정책 환경으로 구성한다. 즉 정책과 관련된 사람이 정책 환경의 제약 아래에서 유지 또는 변화를 유도하기 위하여 공공정책을 선택(결정)하는 상호작용의 모습을 말한다. 현대 민주사회에서 정책 결정자는 의회와 정부(법원 등 헌법기관도 포함한다) 및 시민단체, 언론 등 국민과 그 위임을 받은 대표자(대리인)이다. 공공 정책 환경은 실업과 인플레이션 등 정책문제나 정책 제약 조건으로 정책과 정책 결정자를 제약하는 것이다. 공동체의 문제를 해결하기 위하여 정책 변수는 독립변수가 될 것이고, 종속변수는 정책의 결과로써 사회 문제 해결 또는 (정책)목표 달성과 관련한다.

문제는 목표와 현실의 차이로 정의할 수 있다. 개인 차원의 문제는 한 사람의 인간이 소망하는 목표와 직면하는 현실의 차이이다. 과거에 가정에서의 출산은 개인 문제를 치부되었다. 합계출산율이 0.6 밑으로 떨어져 한민족의 멸종 문제가 예측되면서 저출생은 이제 사회 문제에서 정책문제로 전환되었다. 이처럼 문제는 시공간에 따라 상대적으로 변한다. 개인 문제가 (다수인이 관련된) 사회 문제로 전환된다면, 정책 문제로 전환하기 위하여 갈등 상황이 전개된다. 사회 문제를 둘러싼 갈등은 정책 이슈로 표출된다. 예를 들어 저출생 문제는 경제문제, 사회문제, 교육

52) 실재와 존재를 합한 것이다.

> 문제, 문화적인 문제 등으로 다양하게 정의될 수 있다. 정책 문제의 정의는 정책관련자들의 개입 형태 즉 정책 이슈화 정도에 따라 달라진다. 정책관련자들의 가치관과 유용성에 관한 기준 등으로 동일한(identical) 정보에 대하여 서로 다르게 해석하고 반응한다. 정책 이슈를 유발하는 사건은 정책 환경이라는 맥락적 구조에 영향을 받기도 한다. 정책 체제는 객관적으로 관찰할 수 있는 영역과 주관적으로 해석되는 영역이 혼재하고 있다[53].

개인 문제가 사회 문제로 전환되고, 사회 문제는 정책 이슈를 거쳐 정책 문제가 된다. 정책 결정자는 정책 문제를 관심에 둔다. 정책 결정자와 관계자(행위자, agents)는 문제를 해결하기 위한 대안을 만들고, 가장 적합한(효율적, 만족적, 점증적 등) 대안을-정책 모형에 따라- 채택한다. 결정된 정책은 집행 기관이 효율(과)적으로 집행하고, 그 집행 결과가 당초 행정 조직의 목표를 달성했는가의 여부를 판단(정책평가)한 후, 그 결과를 목표 수정 등으로 환류(feedback)한다. 존스(Jones)는 정책 과정을 정책의제 설정 단계, 정부 내 행동 단계, 문제해결 단계, 재검토 후 필요한 조치 단계 등으로 구분한다. 정책의제 설정 단계는 문제를 인지하고 정의(definition)하며, 조직화하여 의제로 채택하는 일련의 과정이다. 정부 내 행동 단계는 채택된 의제에 대하여 정부가 해결하기 위한 정책 대안을 만들고, 최적(만족 등)의 대안을 선택하는 정책 결정을 말한다. 문제해결 단계는 정부가 결정한 정책을 집행하는 것이다. 재검토와 필요한 조치 단계는 정책의 결과와 영향 등 정책 평가를 한 후, 필요하면 정책을 종결(sun-set law)하는 것이다.

---

53) 철학에서 실존주의와 구조주의의 관계와 비슷한 맥락으로 이해할 수 있다. 인간은 환경을 변화시키는 측면과 아울러 외부 환경을 수용하고 받아들이는 수동적인 측면을 동시에 가지는 것이다.

4. 정책 목표

행정(조직, 기관)이 정책을 결정(선택)하는 것은 정책을 통해 달성하고자 하는 목표에 도달함으로써 사회(공동체)를 바람직한 상태로 변화시키려는 의도적 행위이다. 즉 문제=목표-현실로서 행정 문제는 미래의 바람직한 상태(목표)와 현 실태와의 차이(gap)이다. 행정은 문제 해결 학문으로 현실을 미래의 목표 상태로 끌어올리기 위하여 정부의 정책과 행동 노선(수단)을 추진한다. 목적은 공동체 또는 주체가 미래에 바람직하다고 인정하는 방향성(경제학의 유량 flow 개념)을 말한다고 하면서, 미래의 일정 시점에서의 바람직한 상태(경제학의 stock 저량 개념)를 의미하는 목표와 구분하기도 한다.

> 경제적 합리성을 중시하는 관점을 가진 연구자는 정책 목표가 단일하고 합의 가능한 것으로 간주하는 경향이 있다. 반면에 정치적 합리성에 관심을 두는 연구자는 집단과 공동체 또는 개인의 목표가 서로 달라서 갈등 관계에 있으므로, 사회의 갈등을 완화하거나 해소하는 것을 정책의 목표로 삼아야 한다고 본다.

행정이 추구하는 목표는 시대와 장소(공간) 및 행정이론에 따라 변한다. 신행정론이 번성하던 시기는 사회적 형평과 정의 등이 행정이 추구하는 목표 가치가 되었다. 최근 신공공관리론자(NPM)들은 행정에 시장의 가격 요소를 적용하는 민영화, 민간위탁, 보조금 등 공공서비스 정책에 관심을 두고, 고객의 욕구를 만족시켜 주는 것을 목표로 한다. 행정은 방향 잡기(steering) 할 것을 권한다. 신공공서비스론자(NPS)들은 행정이 민주주의와 인본주의를 달성하는 것을 목표로 해야 하고, 시민에게 봉사(service)할 것을 권한다. 미래의 바람직한 상태(목표)에 관한 정의가 변한다.

(1) 공익 :실체설과 과정설, 절충설

행정이 지향하는 궁극적인 목적의 하나로 공익을 들 수 있다. 공익이란 '공동체의 이익'이다. 방법론적 개인주의의 방법을 취하는 경제학자들은 공익을 개인의 이익을 합한 것이라고 한다. 벤덤의 최대다수의 최대행복도 이러한 관점에 해당한다. 절차와 과정을 중시하는 현실적·다원주의를 선호하는 입장이다. 경제학에서 파레토 효율이 최대다수의 최대행복을 보장하는 지점이 되고, 사회 전체적인 효용(만족)이 극대화하는 지점이다. 과정론의 입장은 벤담, 홉스, 린드블럼, 사무엘슨, 에로우 등의 학자들이 지지한다. 한편 공익의 실체설을 주장하는 학자는 공익은 개인 이익을 합한 것과는 또 다른 실체를 가진다고 한다. 마치 칸트[54]가 그의 의무론에서 도덕적 행위는 의무이기에 행해져야 하는 것이지 이익이나 유용성의 잣대로 판단·선택할 것이 아니라는 것과 같은 취지이다. 행복, 정의와 형평, 복지, 인간의 존엄과 가치, 자연법 등 인간 사회의 기본적 가치를 공익의 실체라고 한다. 몽테스키외는 그의 작품 페르시안 편지에서 행복을 절제와 균형에서 찾고 있다[55]. 공익의 절대성을 지지하는 학자는 플라톤, 루소, 롤스 등이 있다.

사회적 동물이라고 하는 인간은 배려와 나눔으로 타인의 행복을 키워 나갈 때 그 자기 행복도 함께 커지고 사회의 행복도 높아지게 된다. 경제적으로 합리적이고 이기적인 인간이 극단적으로 자신만의 욕망만을 추구한다면 사회 전체적으로는 불행해지고 만다. 국부론에서 제빵사의 이기심과 시장가격 기구의 보이지 않는 손이 경제를 움직이는 원동력이라고 주장한 아담 스미스도 국부론 이전에 도덕 감정론으로 인간사회는 측은지심과 감정이입을 통한 배려와 돌봄이 바탕이 되어야 한다고 강조하였다. 또한 공공재, 외부성, 정보 비대칭 등 소위 시장실패의 영역에 정부가 개입하여 문제를 해결하는 근거 또는 정당성으로 공익을 앞세우기도 한다. 공익의 수호자로서의 정부가 시장(가격)이 해결하지 못하는 문제를 해결함으로써 전체의 이익인 공익을 달성한다는 것이다. 즉 공익은 특수한 개별 이익보다는 다수의 보편(일반)이익(다수결의 원칙)으로 보는 절충설은 공공 선택론자가 주장한다. 뷰케넌과 톨록이 대표적으로 극단적이지 않는 중간(중용)의 지점에 위치하는 정책결정이 낮은 거래비용으로 효율적인 선택이 된다고 한다.

정책 결정의 대상이 사회문제 해결 또는 공동체의 관심 또는 목표 달성을 위한 행동노선이라고 한다면 정책 결정은 그 정책을 선택하는 사회(집합체, 공동체)의 행동노선이다. 통상적으로 개인이 행동 노선을 선택하는 의사결정과는 어떤 차이가 있을

54) 칸트는 인간의 이성으로 시간과 공간의 무한성을 가정한다. 공간의 무한성은 절대 신(편재성)으로 귀결된다.
55) 인문학자 또는 정치학자로 알려진 몽테스키외는 행복을 유용성, 인구의 증가, 균형(balance 치우지치 않음, 중용 등) 등으로 정의하고 있다. 행복을 적극적으로 정의하지 아니하고 고난이 없는 상태로 보는 관점(공제설, 소극설)에 가깝다.

까 생각해 보자. 경제적이고 이기적인 인간이 공동체의 문제를 해결하기 위한 대안을 합리적으로 의사결정(선택)을 한다면 개인 차원에서 효용 극대화(utility maximization) 전략이 사회 전체적으로는 가장 바람직하지 못한 상태를 선택하게 되는 딜레마 상황에 빠지게 된다고 한다. 죄수의 딜레마로 일컫는 현상으로, 행위(선택)자들이 상대방을 신뢰하지 못하고 자신의 이기심을 극대화하는 전략을 선택하게 됨에 따라서 결과적으로 행위자들이 만족하지 못하는 결과를 받아들여야만 하는, 파레토 최적 상태가 아닌, 비효율적인 결과를 초래한다는 것이다.

이제 육하원칙(누가, 무엇을, 어떻게, 왜, 언제, 어디서, 무엇을)에 따라 정책 결정 과정을 살펴보기로 한다. 이번 시간에는 누가 정책을 결정하는가의 측면에서 정책 결정의 참여자들과 그들의 상호 관계를 살펴보자.

(2) 공익과 중용

공공선택론은 비용의 관점에서 공익을 정의한다. 해수욕장에서 두 사람이 각각 아이스크림을 판매한다고 가정하자. 일반적으로 각각의 판매업자는 서로 멀리 떨어진 장소에서 영업을 하는 전략이 이윤을 극대화한다고 생각한다. 미국의 경제학자 호텔링(H. Hotelling 1929)은 호텔링의 법칙을 발표했다. 해수욕장의 아이스크림 판매상은 중간 지점에서 함께 영업을 하면 더 많은 이윤을 창출할 수 있다는 것이다. 거래비용의 측면에서 설명해 보자. 남대문 시장이 안경점으로 유명하다거나, 특정 상권에 가구점이 밀집해 있는 현상은 아날로그 시대에 흔히 있었다. 소비자가 상품을 선택할 때 탐색 비용 등 거래비용을 들게 되는데 유사한 상점이 모여 있으면 그 상품을 선택하는 데 따르는 비용을 줄일 수 있다. 해수욕장의 아이스크림 판매의 사례에서 중간 지점에서 판매업자가 모이는 현상은 양 극단 지점에서 각각 판매할 때 보다 소비자의 이동거리를 줄여 비용을 절감할 수 있기 때문이다. 호텔링의 법칙을 정치의 영역에 도입하면, 각 정당은 중도적인 정책을 추진해야 다수 국민의 지지를 받는데 유리하다. 뷰케넌과 톨록도 결정비용과 외부비용 등 비용을 최소화하는 지점이 중간지대라고 한다. 이론적 논의와는 달리 현실 정치는 극단적인 대결구도의 모습이다. 중용의 가치를 실현하기 위한 전략을 토론해 보자.

> 의원은 10명 이상의 찬성으로 의안을 발의할 수 있다(국회법 제79조 참조). 예전에는 여·야 의원이 상호 협력하여 법률안을 발의하는 사례가

많았다. 품앗이라고 하면서 도움을 주고받았다. 국회 상임위원회 회의장에서 정치적인 의견 대립으로 경쟁을 하면서도, 회의를 마치고 나면 함께 식사도 하면서 오해를 풀던 시절이 있었다. 점점 시대가 흐르면서, 공과 사를 엄격하게 구분하는 법과 제도의 영향도 일부 있겠지만, 여·야 의원의 정쟁이 극심해지면서 회의장 안에서의 갈등이 회의장 밖으로 고스란히 연장된다. 법률안을 발의하는 경우에 같은 교섭단체 의원으로 찬성의원이 채워지는 경우도 있다. 국회법을 개정하여, 의원은 10명 이상의 찬성으로 의원을 발의할 수 있다는 국회법의 규정을 의원이 법률안을 발의하더라도 동일한 교섭단체에 소속된 의원만으로는 찬성의원을 구성할 수 없도록 강제하는 방안을 논의해야 한다. 극단적인 갈등으로 초래될 비효율을 완화하기 위한 제도적인 개선을 강구해야 한다.

호텔링 이론과 뷰케넌과 툴록의 공공선택론은 이론적으로 중간영역의 정책이 다수의 지지를 받아 현실 적합성이 높다고 주장한다. 통계학에서 정규분포(standard normal distribution)와 중간 극한 정리(central limit theorem)과 같은 취지이다. 종모양의 중간분포 형태가 일반적으로 현실 세계를 반영한다고 가정한다. 21세기의 현대 정치는 양극단으로 치닫고 있다. 지지층이 양극단으로 쏠림 현상이 나타나면서 양극단(polarization)으로 지지자 층이 쏠리는 쌍봉모양이 설명력이 높다. 정치와 정당이 양극단의 정책을 추진하면서- 국가정책의 잦은 변경으로- 국가의 자원이 낭비되고, 중·장기적인 인재 양성과 기초과학기술 개발에 어려움이 있다.

5. 정책 결정 참여자

정책을 결정하는 권력은 한 사람이 아니라 많은 사람이 가진다. 정책은 다수의 사람이 권력을 행사하는 관계와 과정을 통해 형성한다. 정책을 결정(선택)하는 권한과 책임을 진 사람이 누구인가를 확인하고, 그 결정자에게 영향을 미치고자 영향력을 행사하는 제도적·비제도적 행위자들의 상호작용을 살펴봐야 한다.

> 환경부는 폐차하는 도시지역 경유시내버스를 공해가 없는 천연가스(CNG)버스로 교체하는 정책을 추진하였다. 환경부는 월드컵이 열리는 2002년까지 월드컵 개최 10개 도시중 공해가 심한 서울, 수원, 6대광역시 등 8곳에서 대·폐차되는 시내버스 5,000여 대를 천연가스버스로 교체할 방침이다. 환경부는 천연가스버스 가격이 기존 경유버스에 비해 대당 3,500만~4,000만 원 비싼 점을 감안, 천연가스버스를 구입할 때 내야 하는 대당 1,000만 원 선의 부가세와 취득세를 면제해 주기로 했다. 환경부는 이날 이를 담은 조세특례제한법 개정안을 입법예고했다(국가기후기술정보시스템 홈페이지, 국내동향 참조). 천연가스 시내버스 정책을 채택하던 시기에 CNG버스 대신 LNG시내버스가 안전성 등 측면에서 더 낫다는 의견도 있었다. 즉 1999년 당시에 CNG시내버스 정책을 채택하고 추진하게 된 결과는 전문가들 간의 협동과정의 산물이다. 현재도 시내버스 연료의 다양성 측면에서 CNG만 사용하는 정책에 반대하는 의견이 있다. 이처럼 정책은 정책결정자(정치인, 행정공무원 등), 전문가, 시민단체, 시민 등 다수의 행위자들의 협동의 산물이다.

현대 사회는 조직 사회이다. 정책을 결정하는 행위자(agent)도 개인과 조직의 차원을 동시에 고려한다. 개인적 차원의 선택과 조직 차원의 결정이 다를 수도 있다. 시장의 가치를 중시하는 개인이 집단주의 정책과 문화를 선호하는 조직의 직무를 수행하려면 그 조직의 규범을 따라야 하기 때문이다[56].

정책 결정 행위자를 조직의 차원에서 보면, 전통적으로 행정학의 조직 원리는 막스 베버의 관료제 이론에서 출발한다. 관료제는 계층제를 중심으로 권한과 책임을 분배하고, 전문화와 통솔 관리의 원칙을 적용한다. 관료제는 합법적 권위를 통한 문서주의 및 실적주의 원칙을 적용한다. 관료제와 민주주의의 관련성을 연구할 때는 관료제를 조직의 차원을 넘어 국가기구로 봐야 한다. 민주주의란 정당과 의회(국회)를 중심으로 대의제도를 통해 실현되므로, 국가기구로서의 관료제와 구조 및 기능적인 연계성을 가진다[57]. 베버는 국가 관료제가 합리성과 합법성 및 실적제로 군주의 자의성을 제어하고 민주주의의 평등 이념에 부합한다고 보았다. 반면, 관료제는 행정의 비밀주의를 명분으로 정책에 대한 언론과 의회의 통제를 배제하여 민주주의 원칙을 훼손할 수도 있다. 특히 관료제의 명령과 복종은 통치기구의 도구로 전락하기 쉽다. 관료제는 양면성을 가진다. 한편, 신공공서비스론(NPS)은 행정이 시민에게 봉사해야 한다고 본다[58]. 정보통신 기술이 발달하면서 과거의 계층적 통제 즉 상명하복의 관리 방식이 역전되어 민원 창구 직원이 서비스를 직접 제공하도록, 관리자들은 그 직원에게 권한과 책임을 부여(위임)하는 권한 부여(empowerment)를 해야 한다. 즉 일선 창구에서 결정(선택)과 집행이 거의 동시에 이루어지게 되면서, 권한의 위임을 받은 창구 직원이 직접 공공 서비스를 책임지고 공급하여야 한다. 결국 계층 조직의 상위자가 결정해야 하는 정책 문제는 비정형적이고 비일상적인 속성을 가지고 있어, 상위 계층 단위에서의 정책 결정으로는 사회 전반에 변화를 촉발하는 변화의 폭과 깊이가 크다. 즉 행정 조직의 상위 계층에서는 비정형적인 결정(non-programmed decision making)을, 하위 계층에서는 프로그램화된 결정(programmed decision making)을 일상적으로 한다는 것이다[59].

정책결정자를 횡적으로 살펴보면, 행정의 정책 결정은 정치적 결정과 연결되어 있다. 몽테스키외는 국가 권력을 입법·행정·사법으로 분리하여, 권력이 서로 견제와 균

---

56) 조직의 규범과 개인의 소신이 충돌하는 경우 그 개인은 갈등 상황에 직면하게 된다.

57) 맑스는 국가를 부르조아 계급이 공동문제를 관리하는 위원회로 규정하면서 국가관료제는 부르조아 계급의 이익을 옹호하는 지배계급의 도구로 보았다. 모스카(Gaetano Mosca)는 소수의 지배계층이 다수(피지배계층)를 지배하지만, 선거에 의한 의회조직과 임명에 의한 관료제가 정치권력을 상호 견제하므로 지배자의 자의성(arbitrary)을 제한하고 피지배자의 자유를 증진한다고 보았다.

58) 현대 사회의 탈관료제화 현상은 역설적이게도 베버의 관료제 이론을 재조명하는 기회가 되고 있다. 전통 관료제 구조는 새롭게 구조화하는 기준점이 되기 때문이다.

59) 전통이론에 따르면 일선기관은 프로그램화(자동화)된 업무 매뉴얼에 근거를 둔 집행을 강조하였다. 현대 이론은 다양한 선호와 요구에 대응하기 위하여 일선주무관이 현장에서 결정하고, 보고하는 기능을 중시한다. 과거에 비해 일선기관의 현장 결정권을 존중하고 있다.

형(check and balance)으로 국민의 기본권을 보장해야 한다고 하였다. 전통적으로 의회의 권한인 입법권은 절대군주의 조세 권력의 남용을 방지·예방하고, 귀족 계급(유산층)이 그들의 노예와 재산을 보호하기 위한 것이다. 근대 사회에 시민이 의회(하원)에 참여하면서 의회는 국민 대표성과 정당성을 확보하게 된다. 인간의 실정법 -의회에서 만든- 이 자연법과 일치하도록 하여 사회의 질서를 유지하게 된다. 인간이 법을 준수한다는 것은 자연의 질서를 따르는 것과 같다. 일반적이고 추상적인 법률을 의회가 제정(만들고)하면, 행정은 법률 우위의 원칙 및 법률 유보의 원칙을 지키면서 행정명령(시행령, 시행규칙)으로 구체화하여 법을 집행한다. 헌법의 구체화법으로서의 행정법과 그 행정법을 구체적으로 시행하기 위한 대통령령(시행령)과 부령(시행규칙)을 만들고 집행하는 과정은 정책 결정 과정에 포함된다. 즉 입법부(의회)가 공동체의 문제를 발견하고 그 문제를 해결하기 위한 대안을 법률의 형식에 담아 정부에 넘기면, 정부(집행부)는 그 법률의 목적을 달성하기 위한 다양한 결정(정책 결정)과 집행을 하게 된다. 정부의 집행이 헌법과 법률에 부합하는가의 판단은 사법부가 하게 된다.

현대 행정국가 시대는 정부가 사회 문제를 발견하고, 그 문제를 해결하는 수단(대안)을 마련한다. 한편, 신자유주의 사조에 따라 정부의 비효율에 주목하게 되면서 정부의 권한을 재정립하는 흐름이 있다. 특히 정보통신 기술의 발달과 사회관계망(SNS)의 등장으로 정부의 정책 정보가 실시간으로 공개·공유되면서 행정부가 결정하던 정책 의제들이 의회로 넘어가는 현상이 나타나고 있다. 효율성보다 정치적 정당성과 민주성을 중시하는 풍조가 확산하면서 주요한 정책 결정이 실질적으로 의회에서 이루어지고 있다. 법률 등 높은 차원의 정책 결정은 의회에서 행해지고 있고, 정부는 그 결정의 틀 내에서 구체화하기 위한 정책 결정을 한다. 최근 의과대학 정원 확대 정책을 정부가 추진하고 있는데, 법원(사법부)이 그 정책에 제동을 걸어 잠시 정책 결정이 주춤하기도 했다. 이처럼 정부의 정책 결정은 의회와 법원 등 제도적인 기관들의 참여와 견제로 영향을 받는다. 또한 언론과 시민단체 등 비제도적인 여론 형성 등도 정책 결정에 영향을 미치는 중요한 요인이 된다. 민주주의·다원주의 사회에서의 정책 결정은 다양한 주체들의 연합과 관계에 영향을 받는다.

심화 학습 : 정책 결정자로서의 관료제와 민주주의

누가 정책을 결정하는가는 권력구조에 관한 이론과 관련한다. 소수의 엘리트가 정치 권력을 독점하던 시대에서 그 권력을 다수와 대중이 행사하는 것으로 사회는 변화했다. 전통적으로 대중이 정치 권력에 영향력을 행사할 가능성을 낮게 보는 엘리트론이 있다[60]. 통치엘리트란 정치 권력을 직접적으로 행사하거나 그 행사에 영향력을 행사할 수 있는 지위에 있는 사람의 집단을 말한다. 파레토(V. Pareto)와 모스카(Mosca)는 선천적으로 우월한 유전자(DNA)를 타고 엘리트가 출현한다는 자연생성론을 주장한다. 미첼스(Michels)는 과두제의 철칙으로 근대 사회 대규모 조직체 리더의 지위에서 엘리트의 탄생을 사회조직론의 관점에서 설명한다. 파레토는 엘리트 순환론을 주장하면서 통치엘리트와 비통치 엘리트로 구분한다. 엘리트층은 쇠퇴하는 경향이 있고, 신진 세력의 진입에 저항하는 구엘리트가 존재하면서 엘리트 순환이 방해되기도 하는데, 이 경우 신엘리트는 자유, 평등 등의 가치를 내세워 구엘리트를 몰아낸다고 보았다[61]. 모스카는 소수의 지배계급(the ruling class)이 정치 권력을 독점하고 이익을 점유하는 반면에 피지배계급은 다수이면서도 소수 지배계급의 폭력적 또는 합법적인 통제를 받는다고 보았다. 미첼스는 과두제의 철칙(소수 지배의 법칙)을 주장하면서 대규모 조직에서 소수가 지배하는 현상은 불가피한 현상이라고 보았다. 그·현대 사회에서 다수의 대규모 조직이 출현하고 있고 대중의 무능과 무관심으로 대표자와 전문가에 의한 지배는 불가피하다고 보았다. 밀즈(C.W.Mills)는 미국 사회에서 권력 엘리트는 단일 지배계급이 아니라 정치, 경제, 군의 고위 지도자로 구성된 복합체로 보았다. 특히 정계와 재계의 유착 현상에 주목하면서 일반 정치가는 군 출신과 기업 출신에 대하여 종속적인 존재로 전락했다고 주장한다.

---

60) 로이 거드슨(Roy Godson)과 스테판 허슬러(Stephen Haseler)는 『유럽 공산주의-동서의 의미』에서 유로커뮤니스트의 말과 행동을 대비하고 있다. 마르시아스(Marchais:프랑스 공산당수), 베르링거(Berlinguer: 이탈리아 공산당수)는 정치적 자유에 대한 선언과 반대로 당내의 자유토론을 허용하지 않았으며, 민주적 선거제도도 없고 반론도 허용하지 않았다. 그람시(Gramsci: 이탈리아 공산당 창설자)가 말한 노동자 계급의 헤게머니 장악과는 거리가 먼 것이다.

61) 태어나지 않으면 사망하지 않는다고 한다. 우주 만물은 생성과 소멸을 반복한다. 역사적으로 보면, 국가 시스템도 흥망성쇠(up and down)의 과정을 거친다. 문명도 제국도 그렇다. 공동체의 부조리(시장과 정부 실패)가 그 공동체의 자기 회복이 불가능한 지점인 임계점(critical point)을 넘어서면 공동체 시스템은 붕괴한다. 토네이도가 구조물(제도 등 인공물)을 허물어 원점(zero base)으로 만드는 과정과 유사하다. 문화와 인간의 무의식 및 태도의 변화까지 근원적인 변혁을 가져오기는 쉽지 않아 흥망성쇠가 반복되는 것인지도 모른다. 역사적 전통과 공동체에 관한 신뢰와 공헌이 깊지 못하면 그 반복 과정과 주기가 빨라지기도 한다.

이익집단이 국가의 주요 정치 행위자(agent)이고, 사회의 권력 구조는 조직된 이익집단 간에 권력이 분산되어 있다는 다원주의 정치 이론이 있다. 특정 엘리트층이 존재하는 것이 아니라, 이익집단 간 타협으로 정책이 만들어진다고 본다. 이익집단을 중재하는 역할을 정부가 한다고 주장한다. 다알(R. Dahl)의 다원 권력론은 통치엘리트이론을 비판하면서 제기되었다. 엘리트이론에서 권력자는 경제적인 부, 사회적 지위나 명예, 정부의 고위 직위 등 권력의 자원을 독점한다고 보는 데 반해, 다원주의자는 정치와 사회를 구분하면서, 통치엘리트는 정치(공공분야)의 영역에 한정하여 영향력을 행사하고 있다고 한다. 엘리트론이 권력의 강제성을 강조하는 데 반해, 다원주의자는 권력의 합법성을 부각해 권력이 복종자의 이익에 부합한다고 본다.

신통치엘리트론은 다원주의론을 반박하는 정치학자(바크라크, 바라츠)의 주장이다. 엘리트는 정책 결정을 할 수도 있지만, 영향력과 권위 등을 활용하여 그가 원하는 방향으로 사회를 유도할 수도 있다(무결정, non decision making). 즉 권력은 양면성을 가진다. 엘리트이론은 대중이 정치에 무관심하다고 가정하지만, 신통치엘리트론은 대중의 무관심이-대중이 태생적으로 정치에 무관심한 것이 아니라- 엘리트가 조작한 결과라고 한다. 이들은 대중의 정치적 무관심(silent majority)이 권력을 행사하는 유형이라 한다. 대기업의 영향력을 중시하는데, 국가(정부)는 대기업의 법인세 등 세수에 의존하므로, 권력 행사에 있어 기업의 눈치를 본다는 것이다. 주인-대리인 이론의 연장에서 포획이론(capture theory)을 주장한다.

보론 : 정책 사례 연구

정부조직법에 따르면 중앙행정기관은 각각 정부의 기능과 역할을 분담하고 있다. 기능별 분류는 분업의 원리가 주는 효율성과 전문성을 제고에 유용하다. 각각의 중앙행정기관의 소관 업무(기능)은 정책과 동일하다. 환경부는 환경정책을, 교육부는 교육정책을, 기획재정부는 경제(재정·금융)정책을, 해양수산부는 어촌과 어민 등 해양수산정책을 각각 소관한다. 환경부는 대기 보전, 수질 보전, 폐기물 관리, 상하수도 관리 등 깨끗한 환경을 보전하기 위한 정책을 추진한다. 수계별 물관리 종합대책과 물이용부담금 정책, 국립공원 보전 정책, 감염성 폐기물 처리 정책, 폐기물 재활용 정책, 생활폐기물 저감 정책, 상수원 보호구역 지정 등 상수원 보전 정책, 상하수도 정책, 폐기물 관리 조합, 수도권 쓰레기 매립 정책, 물관리 일원화 정책, 천연가스 시내버스(CNG) 정책 등 다양한 정책 사례를 학습하게 된다. 각각의 개별 정책별로 참여자, 정책 결정 과정 및 집행, 평가 과정 등 정책 이론을 적용해 보기로 하자. 해양수산부의 도서주민의 교통권 보장을 위한 요금 지원 정책, 정보통신부의 주파수 할당 정책, 교육부의 교육과정 및 대학입시 정책 등 다양한 부처의 대표적인 정책을 소개하고, 각각의 정책의 차이점을 발견해 보기로 하자.

> 폐기물 처리 등 환경보전정책은 공공재이다. 한국의 수도권 매립장은 규모가 세계 제일이다. 서울, 인천, 경기 등 수도권의 생활 쓰레기를 매립·처리장이다. 과거에는 관련 지방자치단체가 지방자치법에 따른 조합을 설치하여 매립장을 조성·운영하였다. 매립장, 소각장, 폐수종말처리시설 등 환경기초시설을 설치·운영하는데 영향을 받게 될 지역주민의 반대(님비현상이라고 한다)가 극심하다. 상수원보호구역 및 수변구역으로 지정하면서 물이용부담금을 지원하는 환경정책은 환경규제에 상응하는 재산권 손실을 보전해주는 것이다. 매립장 주변지역 주민에게 지역난방을 제공한다거나 마을 공동시설 설치를 지원하는 등 경제적인 혜택을 통해 주민의 불편을 보상함으로써 규제와 오염에 따른 주민의 협조와 순응을 기대한다.

교육부 행정은 위원회에서 결정하는 사례가 많다. 위원회와 독임제의 각각의 정책 결정의 장·단점을 비교해 보자.

> 베버의 관료제 모형의 결정은 독임제이다. 독임제 행정은 신속하고 효율적이다. 행정조직이 하나의 몸체(유기체)로 공공서비스를 제공한다. 책임행정과 위기관리에 적합하다. 합의제 행정조직은 의사결정에 시간이 지체되기 쉽고(비효율성), 책임의 소재가 불분명하다. 민주적 의사결정 방식으로 결정의 안정성·신뢰성 확보에 유리하다. 이론적인 구분과 달리 집단주의, 눈치 행정문화는 토론과 합의 절차를 무시하고 권력의 힘으로 합의 기능을 무력하게 운영하여 합의제 기구의 장점을 살리지 못하고 단점이 부각하기도 한다.

해양수산부의 도서주민에 대한 교통비 보전 정책은 형평성의 문제가 없는지 토론해 보자. 정보통신부의 주파수 할당 정책은 정치인과 행정 공무원이 전문적인 지식을 가지고 있지 못하므로, 세부적인 수단을 설정하고 선택하는 과정에서 한국전자통신연구원(ETRI) 등 전문 기관의 판단이 크게 작용하고 있음을 알 수 있다. 대다수 정책은 국회(입법부)의 입법 활동(정책 결정)을 근거로 행정부의 행정명령 등 구체화 되어 집행한다. 정책론이 어떻게 일반적인 정책 결정 과정을 설명하고 있는지 학습한다. 입법부의 추상적 정책과 집행부(행정)의 구체적 정책집행의 차이를 알아보자.

생각하기 : 중용의 현실 적용 (뷰케넌과 툴록의 공익 절충설)
무거운 짐을 지고 과속하는 트럭을 보며

누구나 쥐고 항상 곁에 두고 싶어 놓기 싫은 것이 있다. 인생에 이런 것이 없다면 무미건조해 살맛이 없다고 푸념하기 쉽다. 트럭이 화살처럼 추월하고 있다. 중간치를 넘는 것은 주변을 불편하게 한다. 뷰케넌과 툴록도 비용이 가장 적어 효율성을 충족하는 지점은 중용지대라고 한다. 동서양을 불문하고 중용을 미덕으로 삼고 있지만, 그 만큼 도달하기 힘들다는 것을 시사한다. 무거운 짐을 싣고 목적지를 향해 냅다 달리는 트럭을 보며 성찰한다. 우리네 인생도 그 힘겨운 짐을 어깨에 메고 어디를 향하는지도 모르면서 무작정 서두르기에 급급하다. 몸과 마음을 가볍게 비우고 주변을 둘러 여행하는 여유를 벗 삼기로 한다. 다짐해도 쉽지 않다. 너무 좋아 놓기 싫어도 온전히 받아야하는 운명이라면 어떤가. 숙명이 또 다른 소중한 선물이 될지도 모른다. 우주의 눈으로 돌아보자.

제3강 정책의 개입 영역 : 시장 실패

대한민국 정부는 개인과 기업의 자유와 창의를 존중하면서, 균형 있는 국민경제의 성장과 안정 및 경제 민주화를 위하여 경제에 관한 규제를 할 수 있다(헌법 제119조 참조). 정부의 정책(계획)은 정책목적을 달성하이 위하여 국민에게 제공하는 공공서비스이다. 보이지 않는 손을 믿는 19세기 야경(경찰)국가는 작은 국가(정부)로 최소한의 공공서비스(국방, 경찰)를, 실업과 경제불평등 문제를 해결하기 위해 정부가 시장에 적극 개입하던 20세기 복지국가는 사회복지행정 기능이 확대되었다. 재정부족 등 감축경영의 요구에 따라 20세기 말에서 21세기는 신자유주의 사조에 따라 공공서비스 제공의 유형이 다양화되었다. 민영화, 민간위탁, 보조금, 바우처(상품권) 등의 정책 수단이 예산, 법령(법률과 명령), 업무보고서(보도자료)의 그릇(형식)으로 포장되어 있다.

1. 시장과 정부[62]

공공정책의 첫 단추는 공공성의 영역을 설정하는 데 있다. 국가를 살아있는 시스템(living system)으로 간주하자. 국가는 시장과 정부로 구성된 시스템이다. 시장은 가격기구를 통한 자율적으로, 정부는 계획(정책)을 수단으로 각각 자원배분을 한다. 효율적으로 작동하는 시장에 정부가 잘못 개입하면 자유(가치)를 침해하고, 시장의 효율성을 해쳐 자원을 낭비한다. 시장과 정부의 역할 분담이 국가의 효율성을 높이는 첫 출발이다. 정책 사업의 공공성 및 공익성을 따져 시장과 정부가 해야 할 사업성을 나누는 경계선을 합리적으로 설정해야 한다.

자원을 배분하는 방식은 크게 정부와 시장으로 구분할 수 있다. 정부는 가치의 권위적 배분이라는 이스턴(David Easton)의 설명을 기억하자. 권위적이라는 의미는 권력에 정당성을 부여하는 권력의 수용자 또는 피권력자의 입장에서 권력자의 권력행사에 정당성을 부여하는 것이다. 막스 베버는 전통적, 카리스마적, 합법적 권위 중에서 합법적 권위는 사회의 합리성이 증가한 결과를 보여주는 기준이라고 한다. 시장에서 자원은 수요와 공급이 교차하는 지점에서 정해지는 균형가격에 따라 균형 수급량이 결정된다. 시장은 물리적인 시장들의 공통된 속성으로 추상화한 개념이다. 가격의 변동에 따라 수요량과 공급량이 변화하는 것을 논리적으로 설명하는 것으로 수요량은 가격과 반대 방향으로, 공급량은 가격과 같은 방향으로 변한다. 시장의 생성은 전문화와 교환(주고받기)와 밀접한 관련이 있다. 자급자족 시대에는 시장이 필요치 않다. 필요한 물건을 직접 조달해서 때문이다. 물물교환 시대에 시장은 출현한다. 초기 물물교환 시장은 거래비용이 많이 든다. 화폐를 매개로 하면서 시장의 교환

---

62) 바이든과 트럼프 토론(CNN 2024.6.28.)에서 알 수 있듯이, 미국 공화당은 시장의 자율성을 중시한다. 감세정책과 자국 중심주의 정책은 경제와 사회 및 문화 영역에 국가의 개입을 최소화하려는 자율(자유)정책과 관련된다. 반면 미국 민주당은 정부의 개입과 교정 역할을 중시한다. 복지와 인권을 위해 정부(국가)의 역할을 확대하고, 이에 필요한 재원(세금)을 확대하는 데 긍정적인 입장이다.

효율성이 높아진다. 재화와 용역은 교환된 화폐로 상품을 구매하면서 돈이 교환(한계 가치)의 기준이다. 물과 다이아몬드 가격의 역설 현상은 희소성과 한계 개념으로 설명한다. 한계(margin) 가치는 재화와 용역을 한 단위 증가하면서 얻는 만족도이다. 한계 가치는 재화와 용역의 희소성이 클수록 높아진다. 물과 공기 등 자유재는 그 양이 무한대에 가까워 하나 더 추가해도 그 만족의 증가가 크지 않다. 한계 가치에 따라 재화의 가격이 설정된다. 가격은 한계 가치와 동일하다. 시장에서 소비자와 생산자는 기회비용을 고려한다. 경제학에서의 비용은 기회비용이다. 기회비용은 명시적·회계적 비용에 활동을 선택할 때 포기해야 하는 시간의 이득(잠재비용)을 더한 것이다. 기회비용은 개인마다 다른데, 서로 다른 개인이 그의 기회비용에 따른 합리적 선택을 인정하는 자본주의 시장 경제체제가 개인의 선택을 제약하는 공산주의보다 더 낫다는 근거가 된다. 인간의 선택 다양성과 개인주의를 보장하는 자본주의 시스템이 지속 가능한 발전의 원동력이 된다. 기회비용(opportunity cost)과 구분하여야 하는 개념으로 매몰 비용이 있다. 매몰 비용(sunk cost)은 잃어버린 영화관람권처럼 의사결정 시에 고려하지 않아야 한다. 소비자의 기회비용은 시간비용의 관점에서 이해한다. A 학생이 1시간을 공부하는 경우 만족도는 4점, 알바를 하는 경우 5점, 영화를 관람하는 경우 10점, 연극 공연을 관람하는 경우 15점의 만족도를 각각 현시한다고 가정하자. 별도의 비용이 들지 않는다면 이 학생은 연극 공연을 관람하는 선택을 하게 되고, 이 경우 연극 공연 관람에 따르는 기회비용은 연극관람으로 포기하게 되는 활동 중에서 가장 만족도가 큰 활동인 영화관람 10점을 포기한 것이 되므로, 결국 영화관람 비용에 공연 관람 비용을 더한 것이 기회비용이다. 소비자의 기회비용은 시간비용과 밀접하고, 일상생활에서는 버스 요금, 전철 요금, 영화관람 요금 등 각종 가격을 설정하는 경우 성인과 청소년 및 노인의 요금을 각각 달리 책정하는 경제적인 근거가 된다. 생산자의 기회비용은 공급곡선이 우상향하는 것과 관련한다. 모자를 생산해서 시장에 공급하는 모자 업자가 있다고 가정하자. 모자 업자의 기회비용이 서로 다르다. A 업자는 모자 1개를 만드는데 10 원의 비용이, B 업자는 20 원, C 업자는 30 원이 각각 든다고 가정하자. 시장가격이 10원이라면 B와 C 업자는 시장에 모자를 공급하지 않을 것이다. 시장가격이 자신들이 모자를 생산하는 비용을 보충하지 못하므로, 만들어서 시장에 공급할수록 손해를 본다. 만약 시장 가격이 20 원이라면, C 업자만 모자 생산을 포기할 것이다. 여기서 생산업자들의 기회비용을 자세히 설명하기로 한다. A 업자는 모자만 만드는 기술이 있다고 가정한다. C 업자는 모자 1개를 만드는데 A 업자와 같은 10 원의 비용이 들지만, 기회비용이 30 원인 까닭은 이 업자는 만화 그리기에 특화된 기술을 가지고 있어서 모자 만들 시간에 만화를 그려 시장에 판매하면 30 원의 소득을 얻는다. 따라서 C 모자 업자가 모자 1개를 만들어 시장에 판매할 경우의 기회비용은 30 원이 된다. 모자 1개의 시장가격이 10원 또는 20원이라면, 모자 업자 C는 모자 1개를 만들 시간을 만화 그리는 데 활용함으로써 30원의 소득을 얻을 수 있으므로, 모자를 만들지 않고 만화를 그린다. 즉 시장가격이 낮아도 생산물을 공급하는 업주는 생산비용이 적어 효율성과 전문성 있는 기업이거나, 그 업자가 다른 기술을 보유하지 못해 기회비용이 낮기 때문일지도 모른다.

문제를 해결하는 수단에 관하여 논의해 보자. 경제학자는 희소한 자원을 누가 누구에게, 어떻게, 나눌 것인가를 경제 문제로 정의하고 있다. 따라서 경제학의 목표는 희소한 자원을 효율적으로 배분하는 것, 소득 배분의 공정성을 확보하는 것, 안정적인 경제성장과 발전 등으로 뽑고 있다. 자원을 배분하는 경제의 해결은 현대 자본주의 체제에서 시장(가격)기구에 주로 의존하고 있다. 가치의 권위적 배분을 주제로 하는 정치의 영역과 문화와 가치 및 상징 등 사회적인 과제를 해결하기 위한 방안은 어떤 수단과 방법이 공동체 구성원에게 정당성을 가지고 있는 것일까를 생각해 보자. 정부의 정책은 경제적인 자원, 기회, 권력, 명예 등 인간 사회의 제(모든) 가치들을 누구에게 얼마만큼, 어떻게 귀속시킬 것인가를 권위적으로 결정하는 행위이다. 현대 복지국가 시대는 시장주의와 사회주의가 혼합되어, 시장(market)과 정부(government)가 사회 문제를 해결하는 두 개의 정책 결정축을 형성하고 있다. 근대 이후 등장한 아담 스미스의 순수자본주의가 먼저 발달하였고, 그 부작용으로 경제 대공황과 소득 불평등의 문제를 정부가 적극 개입하면서 20세기 복지국가가 등장하게 되었다. 즉 자본주의 체제를 도입하고 있는 대부분의 국가는 문제 해결을 시장에게 먼저 맡기고, 시장(가격기구)이 해결하지 못하는 문제에 대하여 정부가 보충적으로 개입하는 방안을 채택하고 있다. 한편, 오스트롬은 문제 해결을 위하여 정부가 직접 개입하게 되면 정부 실패의 가능성이 높아지므로, 자치조직 등 제3자의 길을 제안하고 있다. 이처럼 사회 문제 해결을 위하여 시장과 정부의 특성을 모두 가지는(시장과 정부의 교집합 영역) 제3의 영역(third sector) 즉 시민사회의 등장이 현대 국가 사회의 특징이기도 하다. 행정 조직론 강의를 통해 익숙한 에치오니(Amitai W. Ezioni)는 문제 해결을 위한 메커니즘으로 시장, 정부, 제3부문 조직, 시민사회

(Non-Government Organization)를 제시하고 있다. 제3부분 조직은 시장의 이윤추구 행위와 정부의 정의[63] 또는 형평 추구 행위가 결합된 사회적 기업이 이에 해당할 것이다. 문제 해결을 위해 동원하는 자원이 다르다는 데 주목하고 있다. 정부는 권위적인 명령(또는 강제력인 권력)을 의존하여 문제를 해결(자원을 배분)한다. 시장은 가격기구(price mechanism)을 통해 소비자의 효용 극대화 및 생산자의 이윤극대화 등 효율적인 자원 배분을 달성하게 된다. 제3부문은 가치(value)와 규범(norm)을 근거로 문제를 해결한다는 것이다. 여기에서도 강제적, 공리적, 규범적이라는 프레임은 정확하게 적용할 수 있다. 정부는 강제적인 수단을, 시장은 공리적인 수단을, 사회 문화 영역은 규범적이라는 근거와 각각 매칭된다는 점을 쉽게 이해할 것으로 본다. 이번 강의에서는 자본주의 체제하에서 시장기구가 문제 해결의 일차적인 수단이 된다는 점을 인정하고자 한다. 시장이 해결하지 못한 소위 '시장실패(market failure)' 현상을 살펴보고, 시장실패(문제 해결 실패)를 해결하기 위한 정부의 개입 및 정부 실패(government failure) 현상을 살펴보기로 한다.

63) 롤스(Rawls)의 정의론(A Theory of Justice)에서 정치적 기본권, 즉 사회적 기본 가치인 인간의 존엄성, 행복추구권, 자유권적 기본권 등은 누구나 평등하게 누릴 수 있어야 한다고 보았다. 실질적인 자유권을 누리기 위해서는 경제적 불평등을 조정해야 한다고 주장한다. 정의의 제1원칙(평등한 자유의 원칙), 정의의 제2원칙으로서 기회균등의 원칙이 차등의 원칙보다 우선한다(최소 극대화의 원칙). 즉 지위나 직무는 기회균등의 원칙에 따라 모든 사람이 접근할 수 있어야 한다(access right). 누구나 공무담임권을 가진다는 것이다. 차등의 원칙은 정당한 불평등의 원칙이라고 하는데, 사회경제적 불평등은 최소 수혜자에게 최대한의 이익이 되어야 한다는 것이다.

2. 시장 실패

시장이라면 주변에 마트가 밀집된 재래시장을 떠올리게 된다. 눈으로 보는 시장이라고 하여 물리적 시장(physical market)이라고 한다. 통상 경제학에서 시장이란 재화(지각 가능한 제품들)와 서비스(손님 응대 등)가 거래되는, 수요(demand)와 공급(supply)이 이루어지는 추상적인 기구를 말한다. 시장에서는 수요와 공급, 상반되는 두 힘이 작용하여 시장 가격과 수급량 등 균형점을 찾아간다. 보이지 않는 손이 작동하여 시장의 균형점을 찾는다는 것인데, 전제는 다수의 수요자, 다수의 공급자, 완전한 정보, 가격 수용자(price-taker), 시장의 진입과 퇴출이 자유로울 것 등의 조건이 달성되어야 한다. 완전경쟁시장의 조건을 충족하지 못하면 시장의 보이지 않는 손은 작동하지 못하게 된다. 현실의 시장은 경제학에서 제안하는 완전경쟁 조건을 충족하지 못하는 경우가 오히려 일반적이다. 독과점으로 상품이 제공되고, 소비자는 제품과 가격에 관한 완전한 정보를 가지지 못하면서, 독점 기업은 가격을 설정(price-maker)하는 지위에 있는 경우가 많다. 시장의 보이지 않는 손이 작용하지 않아 완전경쟁시장에서 벗어나는 경우를 시장실패라고 정의한다. 시장실패의 모습을 살펴보기로 하자.

(1) 공공재

행정학과 학생이라면 자주 접하게 될 것으로 본다. 졸업하고 사회인이 되어도 습관적으로 입에서 나오는 개념 중의 하나가 아닐까 한다. 공공재는 비배제성과 비경합성을 가지는 재화를 말한다.

먼저 재화와 서비스를 분류해 보자. 오스트롬, 사바스 등 연구자들은 재화와 서비스를 민간재(사유재), 유료재, 공유재, 공공재 등으로 구분한다. 민간재 또는 사유재는 우리가 일상생활에서 접하는 대부분의 재화가 해당한다. 가격(price)을 지불하고 그 상품을 소유(사용 및 처분권)하는 재화와 서비스들이다. 소비자는 효용(만족, utility)을 극대화하기 위하여 재화를 소비한다고 가정한다. 경제적, 이기적, 합리적 개인은 상품을 소비하면서 만족을 극대화하려는 것으로 간주한다. 소비자에게는 한계효용체감의 법칙이 작용한다고 가정한다. 즉 재화를 처음 소비할 때가 그다음 번 재화를 소비할 때보다 효용의 양이 감소한다는 것이다. 뷔페 음식점이 영업이 지속 가능한 까닭도 이러한 (한계효용) 원리 때문이다. 민간재를 소비하는 소비자는 재화의 소비를 통해 만족을 얻는 대가로 희생(price)으로서의 가격을 지불해야 한다. 화폐 경제 시대에 대가는 주로 돈(화폐, money)으로 지불하게 된다. 그러고 보면, 경제는 주고받기(give and take)의 균형을 근간으로 한다. 민간재(사유재)의 특징은 배제성과 경합성을 가진다는 것이다. 배제성이란 내가 돈을 주고 어느 재화를 구입하게 되면, 그 재화는 나의 전속 소유물이 되므로 타인이 나의 소유물에 대하여 사용, 수익, 처분 등의 권한을 행사하지 못하게 되는 것을 말한다. A의 소유물에 대하여 A는 그 소유물을 전속적으로 사용할 수 있고, 타인을 그 소유물에서 배제할 수 있는 권한을 가진다는 뜻이다. 사적재의 특징으로서 경합성이란 소유자 A가 상품 또는 제품을 사용하고 나면 다른 사람(타자)은 그 제품을 사용할 수 없게 되는 성질을 말한다. 예를 들어 사과 하나를 사서 반을 먹고 남은 나머지를 다시 판매한다면, 그 타자(남은 반을 구매한 사람)는 그 사과 반을(온전한 사과 하나가 아니라) 소비할 수 있다는 것이다. 경제학의 용어(표현)는 한계비용이 영(zero)이 아니라고 한다.

공공재는 민간재와 정반대의 속성을 가진다. 비배제성과 비경합성을 가진 재화를 말한다. 대표적으로 대기 중의 공기를 생각해 보기 바란다. 공기는 내가 숨 쉬고 마셔도 다른 사람의 소비(숨쉬기)에 전혀 영향을 미치지 않는다. 공기는 내가 소유할 수 있는 재화가 아니다. 나와 남이 공동으로 소유하는 것이다. 따라서 내가 공기에 대한 소유권 즉 배제성을 주장할 수 없다는 것이다. 공공재는 소유권을 특정한 사람에게 귀속시킬 수 없는 재화와 서비스를 말하므로 비배제성을 가진다. 따라서 가격을 설정하기 쉽지 않다는 특징을 가진다. 공공재가 가지는 비경합성이란 나의 소비로 인해 남의 소비에 영향을 미치지 않는다는 것이다. 내가 공기를 마셔도 다른 사람이 마시는 공기의 총량에는 변화가 없다는 의미이다. 즉 자원의 희소성이 거의 없어서 나와 타자가 사용하는 재화의 양이 같다는 특징이 비경합성을 가진다는 것이다. 경제학자들은 한계비용이 제로(영)라는 표현으로 비경합성을 설명한다. 앞의 예에서 사과는 반을 먹고 나면 타자는 나머지 반만 소비할 수 있는 데 반해, 공공재인 공기는 여러 사람이 동시에 소비하면서도 경쟁할 필요가 없다는 것이다. 왜냐하면 각자가 소비하는 총량이 동일(identical)하기 때문이다. 공공재는 시장실패를 설명하는 데 제일 중요하게 다루는 주제이다. 공공재는 비배제성과 비경합성을 가지므로,

개인이 공공재의 수요를 정확하게 표현하지 않는 성향이 있다. 무임승차자(free-rider)라고 하는데, 공공재의 선호를 표현하지 않고 그 비용을 부담하지 않으면서, 공공재가 완공되고 나면 무료로 그 공공재를 이용하려는 성향을 말한다. 공공재는 비배제성을 가져 가격을 설정하기가 어렵고 공공재의 사용을 배제하는 데 많은 추가 비용이 들게 되므로, 공동체 구성원들은 무료로 이용하려는 유인을 가지게 된다는 것이다. 국방서비스의 경우 국내에 거주하는 한 사람에게만 그 서비스를 제공하지 않으려고 한다면 큰 비용이 들게 된다. 공공재와 관련하여서는 확산효과(spill over effect)도 알아두면 좋다. 철도, 도로, 가스, 전기, 통신 등 사회간접시설들이 공공재적 성격을 강하게 가지는데, 이러한 재화와 서비스는 초기 투자 비용이 많이 들어서 시장에서 좀처럼 공급하기가 어렵다. 이에 정부가 기반 시설을 마련하게 되는데, 규모의 경제 즉 항만과 도로 등 기반 시설의 확충은 산업 전반에 긍정적으로 영향을 주고, 대규모로 건설하면 평균 비용을 낮추는 효과가 있기 때문이다.

사적재와 공공재의 성격을 복합적으로 가진 재화로는 유료재와 공유재가 있다. 공유재(common-resource)는 하딘의 공유재 비극과 오스트롬의 자치 조직을 통한 자원의 멸종 문제 해결로 주목을 받고 있다. 공유재는 비배제성과 경합성을 가진 재화를 말한다. 배제할 수 없어서 많은 사람들이 동시에 자원을 남획하게 되고, 경합성을 가져서 자원의 과다한 사용으로 그 자원이 멸종하는 현상이 나타나는 특징을 가진다. 중국 음식점에서 각자 자장면, 짬뽕, 볶음밥을 주문하고, 탕수육을 하나 주문해서 함께 즐기기로 했다고 하자. 자장면 등 소유권이 확실히 보장된 재화는 다른 사람이 그 음식에 손을 댈 수가 없다. 반면에 탕수육은 먼저 먹는 사람이 임자인 형국이 된다. 따라서 소유권이 명확한 자장면 등은 탕수육을 먼저 소비한 다음에 먹는 것이 합리적인 선택이 되는 것이다. 따라서 공유재인 탕수육은 먼저 소멸(멸종)하게 되고 만다. 강과 호수의 물고기, 시골의 수리권 등이 공유재에 속하는 재화이다. 공유재는 그 사용을 시장에 맡겨 방치하면 오염과 남용의 우려가 있으므로, 정부가 개입하여 낚시 허가제를 운용하거나, 주민자치 조직(어촌계)을 조직하여 자율(자조)조직에 의한 자율규제로 자원의 남획을 예방하는 방안을 권고하고 있다. 학자들은 사유재산권을 정의하는 정책을 통해 야생동물은 멸종되는 데 반해서 가축은 번성하는 근거를 제시하고 있다. 공공 선택론자들은 정부는 사유재산권을 명확하게 정의해 주면 자원 배분 문제를 효율적으로 해결할 수 있다고 주장한다. 대표적으로 코즈의 정리를 들 수 있다. 상류 지역에 오염물질을 배출하는 공장이 자리(입지)잡고, 하류 지역에 낚시하는 사람들이 있다고 하자. 전통적인 처방은 맑은 물을 보전하기 위한 정책을 정부가 추진하는 것이다. 정부가 수질환경보전법 등 법률을 근거로 수질오염물질을 배출하는 공장에 대하여 배출 부과금 또는 가동 중지 등의 행정적인 조치(정책)로 환경을 보전하는 방안이 제안되었다. 정부가 직접 개입하는 정책은 정부의 권한과 기구를 비대화하여 비효율성을 높일 수 있다고 보는 견해는 정부가 직접 개입하지 말고, 맑은 물의 소유권이 누구에게 있는지를 결정해 주기만 하면 문제가 해결된다고 보는 입장이 있다. 코즈는 맑은 물(하천, 강, 바다)의 소유권이 공장에 있는지 아니면 낚시하는 사람에 있는지를 정확하게 정해주기만 한다면, 공장주와 낚시꾼 간의 자율적인 협상(시장기구의 주고받기)에 의하여 효율적인 자원배분이 이루어지게 된다고 한다. 즉 국가가 시장 실패에 직접 개입할 필요가 없다는 것이다. 최대한 시장의 주고받기 기능을 사회 문제 해결에 적용하려는 관점이다. 시장의 자율성을 존중하는 입장이다.

유료재는 배제성과 비경합성을 가진 재화이다. 유선 케이블 TV나 고속도로 요금소(toll gate)가 대표적인 사례이다. 배제성을 가지므로 가격을 설정할 수 있다. 즉 유선 케이블 방송 가입자에 대하여 가입비를 설정해 두는 것이다. 이 경우 유선 가입비를 납부하고 가입자가 되면, 가입자들은 자유롭게 방송을 시청할 수 있다. A 가입자가 드라마를 본다고 해서, B 가입자가 드라마를 시청하지 못하는 것은 아니기 때문이다. 즉 가입자들 간에는 비경합성을 가진 프로그램을 마음껏 시청할 수 있다는 것이다. 마치 각자가 온전한 사과를 즐길 수 있는 것이다.

주의할 점은 공공재, 공유재, 유료재, 사적재 등의 구분은 절대적이지 않다는 것이다. 상황의 변화에 따라 재화의 성격은 변화할 수 있다는 데 주의해야 한다. 예를 들어서 공기는 공공재라고 했으나, 높은 산을 등정하려는 산악인이 산소통을 구매한다면 그 통 안에 든 산소는 사유재가 되는 것이다. 비용을 지불하고 공기 소유권을 획득하는 배제성과 경합성을 가진 재화이기 때문이다. 차량 흐름이 원활할 고속도로라면 또 한 사람이 고속도로에 차량을 운행하더라도 도로의 공공재적 성격에 변화가 없을 것이다. 그러나 명절의 고속도로처럼 정체가 심각한 도로는 공공재의 성격을 가지지 못하고 만다. 나의 사용이 남의 사용에 방해(침해)를 주기 때문에, 한계비용이 영(제로)가 아니므로 경합성을 가지게 되는 것이다. 따라서 이러한 정체(시장실패)의 문제를 해결하기 위하여 도로 관리청은 요금소를 설치하여 요금(가격)을 부과함으로써 공공재인 도로를 사유재처럼 가격을 부과하는 정책을 시행하게 되는 것이다. 이로써 혼잡비용을 줄여 자원배분의 효율성을 높이려는 것이다.

(2) 독점

시장에 제품을 생산하는 기업이 하나만 존재하는 경우를 독점이라고 한다. 시장이 제대로 작동되어 효율적인 자원배분을 달성하기 위해서는 완전경쟁시장을 전제로 한다. 독점은 다수의 경쟁하는 생산자가 존재하는 완전경쟁시장의 조건을 충족하지 못하므로 시장실패의 유형이 된다. 즉 완전경쟁시장에서 생산자는 가격 수용자(price-taker)인데 반해 독점시장에서 생산자는 가격 설정자(price-maker)가 된다는 큰 차이가 있다. 완전경쟁시장에서 가격 수용자가 직면하는 수요곡선은 평행선(완선 탄력성, 가격이 조금만 변해도 생산에 크게 영향을 미침)으로 A 생산자가 시장가격보다 조금만 높게 설정해도 모든 수요자가 A 기업의 생산물을 수요하지 않게 될 것이며, 만약 시장가격보다 조금만 낮게 설정한다면 모든 수요자가 A 기업의 생산물로 몰려들게 될 것이다. 즉 완전경쟁 기업은 가격과 한계편익이 같다는 것이다. 독점기업이 직면하는 수요곡선은 우하향하는 모습을 가지게 된다. 한계비용과 한계편익이 일치하는 점(이익 극대화 조건)에서 재화와 서비스를 생산함으로써 이윤을 극대화하는 전략을 선택하게 된다. 즉 독점기업의 독점 가격은 한계편익보다도 높게 형성된다. 독점기업의 독점 가격은 완전경쟁시장보다 높은 가격으로 생산량은 줄여 효율적인 자원배분에 실패하게 될 뿐만 아니라 소비자의 후생도 감소하게 된다. 따라서 정부는 독점기업의 생산량을 늘리거나, 가격을 인하토록 하는 등 독점기업의 시장 지배력을 완화하는 정책을 추진하게 된다. 독점기업 규제와 공정거래에 관한 법률에 근거한 공정거래위원회의 각종 정책을 살펴보기를 바란다.

(3) 외부성[64)]

시장 경제의 기본원리는 주고받기가 자율적으로 이루어진다는 것이다. 재화와 용역을 구매해 만족을 얻기 위해서는 그에 합당하는 가격을 지불해야 한다. 생산자는 재화와 용역을 제공해 주는 대가로 가격을 지불받는다. 즉, 효용(좋은 것)을 얻기 위

64) 외부성(externality)은 시장에서 주고받기가 효율적으로 이뤄지지 않는 현상이다. 흡연으로 타인에게 불쾌감과 건강에 나쁜 영향을 주는 경우(비경제외부성) 정부는 흡연부스를 설치하는 등 내부화(internalization)하는 정책으로 시장실패를 해결한다. 정부가 시장의 외부성을 교정하기 위한 정책을 추진하는 과정에서 의도하지 않은 결과로 외부성을 초래하는 현상을 파생된 외부성이라고 한다. 파생된 외부성은 정부실패의 유형이다.

해서는 고통(가격, 돈)을 그만큼 감내해야 한다. 시장경제가 유지·발전되는 까닭은 얻는 효용에 비해 지불하는 가격이 낮고, 생산자는 얻는 가격에 비해 제품 투입 비용이 적어, 시장에서의 거래가 이루어지고 나면 생산자와 소비자 모두 만족하기 때문이다(소비자 잉여와 생산자 잉여의 개념과 면적을 알아두자). 시장실패란 시장에서의 주고받기(give and take, 거래)가 원활하게 이루어지지 않는 경우이다. 대표적으로 외부성 현상을 들 수 있다. 아름답게 잘 꾸며둔 꽃 정원을 지나는 사람은 그 꽃을 보면서 만족감을 느끼게 된다. 그렇지만 그에 합당한 가격을 지불하지 않고 무료로 즐긴다. 만족을 얻고도 가격을 지불하지 않게 되면, 꽃과 정원을 생산하는 사람은 사회적으로 바람직한 양보다 적은 양을 생산하게 된다. 경제 외부성이라고 부르는 현상으로, 사회적으로 꼭 필요한 재화와 서비스는 적게 공급되는 문제가 있다는 것이다. 전염병을 예방하기 위한 백신 등 기술개발은 사회적으로 필요한 양보다 적게 생산되는 경향이 있다. 반면에 비용을 지불하지 않아 과대 생산되는 재화가 있다. 자동차 운전자는 그 자동차의 매연가스를 사회적으로 바람직한 양보다 더 많이 배출하게 된다. 왜냐하면 오염물질을 배출하는 데 따르는 가격을 지불하지 않기 때문이다. 환경오염 물질은 사회적으로 적정한 양보다 더 많이 배출되어 자연을 파괴하는 원인이 된다는 것이다. 이러한 현상을 비경제 외부성이라고 한다. 경제외부성에 대하여 정부는 보조금 또는 감세정책을 통해 그 공급량을 사회적으로 필요한 양만큼 늘려 공급하려고 한다[65]. 비경제외부성에 대하여 정부는 세금이나 배출 부과금 또는 부담금 등을 부과하는 정책으로 그 양을 줄이려는 정책을 추진한다.

(4) 정보 비대칭(역선택, 도덕적 해이)

경제학에서 시장은 완전경쟁시장을 전제로 한다. 완전경쟁시장은 다수의 소비자와 생산자 간의 완전한 정보를 조건으로 한다. 정보통신기술의 발달로 경제 주체들이 향유하는 정보의 양과 질은 향상되고 있으나, 경제이론에서 말하는 완전경쟁시장을

65) 정부가 소상공인들이 에너지 효율 '1등급' 냉난방기기를 살 때 지원하는 보조금 160만 원을 받아도 설치비용 등 각종 부대비용을 따지면 250만 원이 더 필요했다. A씨는 결국 2017년에 나온 100만 원짜리 중고 에어컨을 구입했다. 정부가 소상공인의 에너지 비용 절감을 위해 시행 중인 에너지 효율 사업이 고금리·고물가 상황 속에서 참여율이 낮아 2024년도 6월 말 기준 노후 냉·난방기를 바꿔주는 에너지 효율 사업 집행률은 9.5%다. 올해 전체 예산 750억 원 중 접수된 지원금 규모는 약 155억 원(21%)이었으며 이 중 실제 집행된 예산은 약 71억 원에 그쳤다(출처: 한국일보. 얼마나 힘들었으면··정부가 보조금 준대도 냉난방기 새로 바꾼 소상공인 9.5%뿐. 2024. 07. 09일자).

뒷받침할 정도의 완전한 정보는 찾아보기 어렵다. 오히려 불완전한 정보가 일상적이다.

중고차 시장을 살펴보자. 중고 자동차를 오랫동안 소유한 사람은 그 자동차의 이력과 성능에 관하여 많은 정보를 가지고 있다. 반면에 중고 자동차를 구매하려는 사람은 그 자동차의 사고 이력이나 성능 등을 정확하게 알기 어렵다. 이러한 정보 격차가 존재하는 가운데, 중고차 매매상이 제시한 중고차 가격 보다 더 나은 성능을 가진 중고차는 매매시장에 유입되지 않는다. 왜냐하면 중고차 소유주가 그 가격에 판매할 마음이 없기 때문이다. 반면에 매매상이 제시한 가격보다 못한 성능을 가진 중고차는 매매시장에 유입된다. 왜냐하면 중고차 소유주가 가격보다 못한 중고차를 판매하는 경우 더 많은 이득을 취할 수 있기 때문이다. 결과적으로 중고차 시장에는 내매상이 제시한 가격보다 성능이 못한 중고차가 넘쳐나게 된다. 개살구만 넘치고 참 살구는 찾아보기 어렵다. 중고차 시장의 시장실패 문제를 해결하기 위하여 정부는 중고 자동차 사고 이력을 공개하게 한다거나, 보험회사와 연계하여 중고차 성능을 의무적으로 알려주도록 하는 등의 정책을 집행하여 정보의 비대칭 현상을 완화하려고 한다.

조직 경제학은 주인-대리인 이론에서 도덕적 해이 현상을 설명한다. 대리인이 주인의 의도와 달리 행동하는 경향을 제어하려는 방안을 연구하는 분야이다. 건강보험이나 자동차 보험 가입자가 주의의무를 해태하는 경우가 도덕적 해이 현상에 해당한다. 안전 운전 또는 건강 관리를 평소보다 덜하게 되는 현상이 도덕적 해이라고 정의하는데, 보험에 가입한 사람은 자동차 사고에 대하여 보험회사가 책임을 지게 되므로 안전 운전을 위한 주의를 소홀할 개연성이 높다.

(5) 초기투자비용이 과다한 산업(규모의 경제, 비용체감산업)

경제활동이 수익을 증가시키고 한계 비용을 감소시키는 산업의 경우(increasing returns)는 효율적인 결과에 도달할 수 없다. 비용이 감소하는 조건(산업)은 단일의 생산자(독점자)가 최저 비용으로 생산하는 방식을 선택할 수 있다. 독점산업이 단일 가격을 형성하여 시장은 비효율적이 된다. 독점산업(기업)이 부과하는 이윤 극대화 가격은 생산비용이 보장하는 것보다 높고, 생산량은 줄어든다. 독점기업의 혁신 의지보다는 경쟁적인 체제에서 혁신 인센티브가 높아 시장 효율성을 저해한다. 규모의 경제를 시장 실패의 유형에 포함할 것인지는 학자 간의 다툼이 있다. 규모의 경제가 작동하는 산업의 시장 결과를 변경하기 위한 정부의 개입 형태는 다양하다. 자연적 독점 산업을 정부가 직접 운영하여 공공시설 및 공공서비스를 제공한다. 독점방지·금지법을 제정하여 단일 회사가 산업을 지배하지 못하도록 하고 경쟁을 의도적으로 촉진한다.

3. 시장실패와 정부실패의 역사적 고찰

아담 스미스는 국부론에서 인간의 이기심이 경제 발전의 원동력이라고 하였다. 그는 친구와 빵과 커피로 아침 식사를 즐기면서, 그가 친구에게 한 말은 유명한 일화가 되었다. 이렇게 맛있는 빵을 즐길 수 있는 것은 제빵사의 이타심(맛있는 빵을 고객에게 제공하겠다는)이 아니라 맛있는 빵을 만들어서 빵을 많이 팔아 이득을 취하고자 하는 제빵사의 이기심이라는 것이다. 그는 보이지 않는 손(invisible hands)이 경제 문제를 해결해 줄 것이라고 믿었다. 아담 스미스의 시장경제 기구의 자율적인 문제 해결에 대한 믿음은 홉스의 국가관과 결합하면서 근대 야경국가를 탄생시키는 원동력이 되었다. 이성주의, 합리주의, 과학주의, 민주주의(자율성, 자기 결정성, 자기 책임성)의 개념이 태동하던 근대 사회에서의 시대적 환경, 즉 산업화, 기계화, 전문화 등 공장에서의 대량생산을 통한 대량 소비 시대의 막이 올랐다. 세이의 법칙(공급은 스스로 수요를 창출한다)에 대한 믿음을 근거로 대량생산과 이를 뒷받침하기 위한 열강들의 제국주의는 세계 대전과 경제 대공황을 초래하게 되었다. 풍요와 번영으로 인간 사회는 영원히 진보하고 발전할 것이라는 믿음이 깨지게 된 것이다. 즉 시장기구가 사회 문제를 해결하지 못하고 사회의 모순을 노정시켰다는 사실을 깨닫게 된 것이다. 1929년의 경제 대공황은 하루아침에 실업자가 40퍼센트 넘게 양산하였고 소비 여력을 상실하게 되면서 생산품 재고는 쌓여만 갔다. 역설적으로 세계대전의 종전으로 군수산업이 정체된 것도 경제 대공황을 초래한 하나의 원인 변인이 되었다고 한다. 실업과 빈곤의 문제를 해결하기 위하여 미국의 루즈벨트 대통령은 테네시강 유역청(T.V.A)를 설치하여 미시시피강 유역에 대형 댐을 건설하는 국가 투자사업을 시행하였다. 사회간접자본에 대한 대규모 투자는 초기 투자 비용이 많이 들어서(길게 늘어지는 평균비용 곡선) 시장의 민간 기업이 그 서비스를 제공하지 못하는 전형적인 시장실패의 한 유형이기도 하다. 실업 문제를 해결하기 위하여 정부가 투자 규모를 늘리는 것은 경제학자 케인즈의 유효수요 이론으로 정당화되었다. 세이의 법칙과는 정반대(축의 뒤바뀜)로 수요는 공급을 창출한다고 전제하면서, 우물물을 계속 빼서 사용해야 그 물이 마르지 않는다는 것을 강조했다. 조선시대의 북학파 박제가의 주장과 닮았다. 경제 대공황 극복을 기점으로 정부는 시장에 적극적으로 개입하기 시작했고, 이에 정부의 권한과 기능 및 조직 구조도 확대된다. 행정학에서 브라운로 위원회의 대통령실 권한 강화 제안 등도 이 시기에 있었던 역사적 사실이다. 경제 문제를 해결하기 위하여 시작된 정부의 시장 개입과 권한 강화는 1960년대 들어 경제 불평등 문제를 해결하기 위한 사회정책을 발표하면서 가속하게 된다. 정부의 역할 증대 현상에 제동이 걸린 것은 1970년대 두 차례의 오일쇼크(비용 견인인 플레이션)이 발생하면서이다. 세계 각국은 비용 감축을 통한 정부 효율화에 관심을 고조하게 되었으며, X-비효율 등 정부의 비효율성을 지적하는 연구가 동시에 발표되었다. 정부 실패 문제에 대응하기 위하여 영국의 대처수상과 미국의 클린턴 행정부에서 정부 기능을 민간에 위탁하거나 민영화하는 등의 정책이 강구되었다. 현대 행정 연구에서 신공공관리론(NPM)과 신공공서비스론(NPS)은 이러한 시대적인 맥락을 배경으로 등장한 비교적 최근의 이론들이다.

4. 정부실패[66]

울프(C. Wolf)는 자원 배분의 기구로 시장과 비시장으로 구분한다. 시장과 정부는 본질적으로 한계를 가진다. 시장기구에 따른 자원배분의 결과로 자원의 효율적 배분이나 공정한 소득 배분에 실패(시장실패)[67]할 경우 정부 개입이 정당화된다. 시장실패는 정부개입의 필요조건에 해당할 뿐, 충분조건이 되지는 못한다. 정부의 시장개입으로 피할 수 없는 단점으로 시장 실패보다도 더 나쁜 결과를 초래할 수도 있기 때문이다. "00차를 피했더니 더 큰 00차가 찾아온다."는 우스개가 있다. 시장의 수요, 공급의 왜곡으로 시장실패를 초래하듯, 시장이 아닌 분야에도 수요과 공급의 왜곡현상이 비시장실패의 결과를 생성한다고 보았다. 울프(Wolf)는 비시장수요와 공급의 특징이 비시장실패의 원인이라고 한다.

울프는 비시장수요와 정부의 정책이 증가하는 현상을 설명한다.

첫째, 시장실패에 대한 일반인의 인식이 확산하면 정부가 시장에 개입하는 압력으로 작용하므로 비시장수요(정책)가 증가한다는 것이다. 이커머스 플랫폼에 의한 소비자 피해나 환경오염 문제 및 다수의 사망자 발생 등 안전 문제 등이 사회적으로 이슈화되면 국민은 문제해결을 위한 정부의 개입과 규제를 요구하게 된다. 둘째, 국민의 정치적 자유와 기본권이 강화되고, 민주주의 시스템의 진전(투표 등)으로 국민의 국가에 대한 요구가 적극적으로 반영될수록 국민은 이익을 위해 정부를 압박한다. 일반국민보다 조직화된 시민단체나 이익단체는 그 이익을 정부에 투입(input)한다. 셋째, 정치인의 높은 시간할인율이다. 정치인은 미래가치를 현재가치로 환산할 때 높은 할인율(이자율)을 적용하고, 지금 이 순간 단기적 이익에 치중 한다[68]. 짧은 임

66) Charles Wolf저, 전상경 역, 시장과 정부: 불완전한 대안선택, 교문사, 1991.

67) 시장이 생산하는 동일한 수준의 전체이익을 더 낮은 비용으로 얻을 수 없거나, 동일한 비용으로 더 큰 이익을 생산할 수 없는 경우 파레토 효율적이라고 한다. 시장의 결과가 효율적이기 위해서는 결과를 얻은 총이익이 비용을 초과해야 한다. 효율성은 과업을 수행하는 다양한 방법 간의 경쟁이다.

68) 직업공무원은 평생 공무원으로 봉사할 것으로 기대한다. 장관은 짧은 임기 동안에 정책사업을 완성하려고 한다. 잦은 장관의 교체는 정부의 메모리기능을 단축하는 부작용을 낳는다. 선출직 공무원(장관 등)은 빠른 정책추진을 독려하지만, 신분이 보장되는 공무원은 긴 시계(time-horizon)로 업무를 느긋하게 처리하는 경향이 있다.

기 동안에 예산 등을 최대한으로 확보하여 정치인의 재선 등에 활용하려고 한다. 넷째, 편익과 부담이 분리현상을 지적한다. 정부의 정책(예산)은 일반 국민이 부담하는 세금으로 공공서비스를 제공하므로, 공공서비스의 수혜집단과 그 비용부담집단이 다르다. 정책 수혜자 집단은 정부의 정책을 확장하기 위한 로비활동을 한다. 반면에 조용한 다수(silent majority)는 그 비용을 나눠서 적게 부담하므로, 부담으로 인식하지 못하고 정책이 양산되는 현상을 묵인·방조하는 경향이 있다[69]. 마지막으로 대중인기 정치와 정책 남발이 정책 수요를 비대하게 하는 요인이다. 정치인은 국가의 예산부족을 심각하게 고려하지 않고 대중의 인기에 영합한 정책을 발표한다. 정책결과에 따른 정치인의 책임정치가 실현되지 못한 환경은 정치인의 도덕적 해이를 증폭시킨다. 시민단체가 국회의원의 활동 실적을 법률안 발의 건수 등 계량화 가능한 척도를 활용하여 평가하면서, 국회의원이 법률안을 쪼개기 등으로 양을 확대하는 현상이 드러나고 있다.

비시장공급의 특징은 X-비효율성으로 표현한다. X-비효율성이란 정부조직의 구성원이 조직과 예산 및 권한을 확대하는데 관심을 가져 효율적인 생산이 이루어지지 않는 현상을 말한다. 파킨스의 법칙(Parkinson's Law)은 관료주의를 지적한 대표적인 이론이다. 공무원의 수는 일의 양과 무관하게 증가한다는 것이다. 영국이 전쟁 수행을 위해 잠수함 등을 운용하기 위한 해군 병력을 증강하였다가, 전쟁이 종료한 후 전함을 축소하는 등 해군을 감축하였으나 해군본부의 행정인력은 오히려 증가했다.

정부가 제공하는 공공서비스 또는 정책 산출의 특징으로 첫째, 정부의 정책 목표 및 정책 산출물은 계량·측정하기 어렵다. 질적 결과물로 산출물을 정의하기가 어렵다는 것이다. 둘째, 정부는 거대한 독점기업이다. 공공서비스를 독점적 지위에서 생산·제공하므로 비효율성을 초래하기 쉽다. 민영화, 민간위탁 등 공공서비스를 시장과 가격기구를 활용하여 효율성을 높이려는 노력도 이러한 맥락에서 추진되고 있다. 마지막으로 정부의 공공서비스는 한 번 생산되면 종결하기가 어렵다. 정부의 정책은 수혜집단을 양산하게 되고 그 정책을 종결하려면 수혜집단의 저항에 직면하게 된다. 2024년도 예산에 연구개발비(R&D)를 감축할 결과 연구자들이 심하게 반발하기도 했다. 정부정책에 대한 기대를 제약하기 위한 방안으로 법률의 종결 시점을 미리 예

69) 대표적인 사례로 환경부의 물이용부담금 정책이 이에 해당한다. 상류지역 주민 지원사업에 활용하기 위하여 하류지역 주민의 수도요금에 부과하는 물이용부담금은 납부자인 대다수 하류지역 주민의 관심을 받지 못하고 있다. 물이용부담금이 부과되고 있다는 사실조차 알지 못하는 경우가 많다.

고하는 방안(sun-set law)을 도입하기도 한다. 예산이 지속적으로 증가하는 현상(점증주의, incrementalism)을 방지하기 위해 영기준예산(ZBB)제도를 도입하는 것도 같은 취지이다.

울프는 비시장수요 및 공급의 특징을 통해 비시장실패의 원인으로 비용과 수입의 분리, 조직의 목표에 영향을 주는 내부성(internality)[70], 파생적 외부성, 분배적 불공평, 관료제의 역기능과 부패, 정부가 규제해야 할 대상에 포획(capture)[71]되는 현상을 든다.

신자유주의, 신공공관리론, 신공공서비스론 등은 정부의 비시장실패를 해결하기 위한 대안으로 제시되는 이론들이다.

심화학습 : 환경정책

환경오염(환경문제)은 인간의 개발행위(또는 오염행위)가 자연환경시스템의 자정능력(임계치, critical point)를 넘어서 회복이 불가능한 상태로 진입한 경우를 말한다. 인체 시스템이 병든 것과 같은 것이다. 환경경제학은 환경문제를 경제주체의 선택이 시장(주고받기)을 벗어나 다른 경제주체에게 영향을 주는 부의 외부성(negative externality)이 발생하는 것이라고 한다. 코즈[72]는 외부성의 발생은 외부성을 초래하는 매개체인 환경오염물질의 이전 과정에서 환경권(재산권)이 명확하게 설정되어 있지 못할 때 발생한다고 본다. 즉 환경문제를 해결하기 위한 국가의 정책수단은 누가 환경 관련 재산권(소유권)을 가지는지를 명확하게 정해줘야 한다. 과거 정부가 직접 개입하여 환경문제를 해결하는 방식에는 반대하고, 시장의 자율성을 존중한다는 점에서 경제학자 프리드먼(Milton Friedman)과 같은 입장이다.

> 프리드먼은 정부의 정책 개입에 대하여 소극적(반대)인 입장이다. 경제의 자율조정기능을 믿는다. 경제는 호황기와 불황기를 반복하며 순환하는데, 정부의 정책 개입은 정책 시차(time lag) 때문에 경제의 호황과 불황을 더 심화시켜 결과적으로 경제를 악화시킨다는 것이다. 예를 들면,

---

70) 내부의 조직목표가 공적목표가 되면 목표대치가 일어나 비시장실패로 이어진다.
71) 정부가 특정 기업 또는 집단의 이익을 대변하는 현상을 말한다.
72) 코즈(Coase)의 정리에 따르면 거래비용이 영(0)이고 재산권이 완전하게 정의될 경우 환경재를 포함한 자원의 배분이 효율적이 된다

경제가 불황(실업)기에 접어들면, 실업이 넘쳐나면서 실질임금이 떨어진다. 임금이 낮아지면 생산자는 낮은 임금으로 고용을 늘린다. 고용이 늘어나면 임금 근로자의 소득이 증가하면서 소비가 진작되어 경제가 불황을 벗어난다. 반대로 경제가 호황기에는 근로자의 임금이 높아져 생산비용의 증가로 생산자는 근로자의 고용을 줄여 경제가 안정기에 들어선다는 것이다. 경제 유기체가 자체적으로 균형을 찾아가는데(homeostasis) 정부가 경제 정책(재정·금융정책)을 시행하면 호황기와 불황기를 더 심화시켜 경제를 망친다고 한다. 감기 환자가 자생력으로 회복하도록 할 것을 주문한다.

환경문제를 해결하는 정책 방안으로는 정부의 직접 개입(직접규제 방안), 시장(가격)시스템을 재활용하는 방안(경제적 수단 등), 제3의 길(오스트롬의 자치조직을 활용하는 방안, 분권화된 수단으로 당사자 간의 문제해결 등)이 제시되고 있다. 직접규제 방식은 사회적으로 바람직한 상태를 만들기 위해 정부가 법률을 제정하고, 그 위반 행위에 대하여 제재를 가하는 정책이다. 대기환경보전법 등 각종 환경법에서 정하는 배출허용기준 등 환경기준(environmental standards)을 설정하고, 그 기준을 위반하는 행위에 대하여 과태료 등 처벌하는 것이다[73]. 경제적 수단을 활용한 환경 정책의 예로는 배출 부과금 제도가 있다. 배출시설(공장, 기업)이 배출하는 오염물질의 양에 비례하여 부과금을 부과하는 것이다[74]. 배출허용기준이하로 배출하는 대기오염물질량에 대하여 부과하는 기본부과금과 배출허용기준을 초과한 오염물질량에 대하여 부과하는 초과부과금으로 구분한다. 이외에도 경제적 정책 수단으로 배출권거래제도 등 경제적인 유인 정책을 환경보전활동으로 연계하는 수단이 강구되고 있다.

자발적 접근 방법(voluntary approach)은 최근 환경규제개혁의 흐름을 타고 등장

73) 정부의 직접 규제를 반대하는 측에서는 환경보전에 관한 전문 지식을 갖지 못한 정부(공무원)이 환경기준을 과학적·합리적으로 규정하지 못한다고 주장한다. 특히 환경규제는 국민의 기본권을 제한하는 내용으로 의회가 만드는 형식적인 법률의 형식에 담아야 하는데, 국회 입법과정에서 정치적인 고려(정치인의 높은 시간 할인율 등)로 과학적 기준이 허물어지기 쉽다는 것이다. 정부의 직접 규제 정책은 정부 실패로 귀결된다고 본다.

74) 대기오염물질로 인한 대기환경상의 피해를 방지 또는 감소시키기 위하여 대기오염물질을 배출하는 사업자에게 오염물질의 배출정도에 따라 경제적 부담으로서 부과금을 부과함으로써 사업자가 스스로 오염물질의 배출을 억제토록 유도하기 위한 것이다.

한 환경 정책 수단이다. 산업자원부는 12개 업체에 대하여 이산화탄소 배출을 8% 이상 감축하는 자발적 협약 체결을 추진하면서, 에너지 절약 시설 자금을 우선 지원할 계획을 수립하였다(중앙일보. 1988. 11. 16일자). 즉 사회적으로 바람직한 상태를 만들어 가기 위해 정부가 제안하고, 이에 자기 이익을 추구하는 참여자(기업 등)이 정부와 자발적인 협약을 맺어 그 약속을 이행하는 것이다. 민간이 자발적이고 자율적으로 환경오염 유발 행위를 억제해 정부의 감시 등 거래비용을 절감하는 장점이 있다. 즉 자발적인 접근 방법은 규제를 받는 자(기업 등)가 가지고 있는 정보를 활용하고 오염 예방 대안을 유연하게 선택할 수 있다. 정책(규제) 내용이 기술적·전문적·복합적일수록 자율규제의 가능성과 필요성(효능감)이 높아진다.

일반적으로 환경정책에서 오염원인자부담(책임)원칙(polluter pays principle)이 적용되고 있다(환경정책기본법 제7조 참조). 거래비용의 관점에서 수익자부담원칙(환경정책기본법 제8조 참조)이 자원배분의 효율성을 달성하는데 유리한 경우도 있다는데 주의해야 한다. 즉 재산권 설정 방식에 따라 거래비용이 다른 경우에는 사회적 효율성을 고려하여야 한다. 오염원인자에게 오염비용을 부담하게 하는 것이 법·행정적으로 불가능한 경우에는 환경오염 피해자가 비용을 부담하도록 재산권을 설정하는 것이 재산권이 부재(없음)한 것보다 파레토 효율적일 수 있다. 핀란드는 산성비의 원인인 구 소련의 화력발전소의 탈황장치 설치를 지원한 사례가 있다.

보론: 수요곡선의 의미

시장경제는 수요와 공급이 만나는 균형점에서 시장가격과 균형 수급량이 결정된다고 본다. 수요곡선은 우하향하는 그래프로 표현되고, 공급곡선은 우상향하는 그래프로 각각 표현한다. 여기에는 몇 가지 중요한 가정과 약속이 담겨 있다. 수요곡선은 횡축은 소비량을 종축은 가격을 각각 나타낸다. 가격 조정이냐 양적 조정이냐에 따라 힉스와 왈라스의 조정 관점이 있으나 경제학 입문 과정에 있는 학생이라면 가볍게 넘어가도 좋다. 수요곡선이 우하향하는 까닭은 첫째 소비량을 한 단위 늘릴 때마다 그 재화에서 얻게 되는 한계 만족의 양이 점점 줄어들기 때문이라고 가정한다. 한계효용체감의 법칙이라고도 하는데, 한계(margin)의 개념은 한 단위 증분(미분값)에 따른 것이다[75]. 미분의 개념과 비슷하다고 이해하면 된다. 주의할 점은 한계효용

75) 한계효용은 체감하더라도, 한계효용이 음의 값을 가지지 않는다면, 총효용(적분값)은

은 소비량을 한단위 늘릴 때 마다 줄어들지만 총효용은 점점 늘어나고 있다는 사실이다. 수요곡선의 면적(적분값)이 총효용에 해당하고, 수요곡선의 기울기는 한계개념에 해당한다. 또한 수요곡선은 소비자가 기꺼이 지불하고자 하는 가격 또는 희생(비용)이라고 이해하기를 바란다. 지불하고자 하는(willing to pay)으로 표현하는데, 소비자가 소비하고자 하는 상품을 구매하기 위하여 기꺼이 지불하고자 하는 가격을 연결한 선이 수요곡선이다. 시장(균형)가격에서 소비자는 균형가격에 도달하기 전까지의 소비량에 대하여 시장가격보다 더 높은 만족(높은 가격 지불 의사)을 얻고 있다는 점에 주목해야 한다. 시장가격보다 더 많은 만족을 얻는 면적을 소비자 잉여라고 한다. 즉, 시장가격 윗부분의 수요곡선 면적이 소비자 잉여가 된다. 자본주의 체제가 유지되는 근원으로 소비자와 생산자 모두 시장가격을 지불하면서도 더 많은 소비자 잉여와 생산자 잉여를 느껴 거래를 통해 후생이 증가한 것으로 인식한다는 데 있다. 수요곡선과 공급곡선은 기회비용의 관점에서도 설명이 가능하다. 기회비용이란 선택으로 포기해야 하는 다른 효용의 가치를 의미한다. 특히 공급곡선이 기회비용을 반영하므로 모자 시장에는 모자를 만들면서 높은 기회비용을 감내해야 하는 사람은 그 모자 시장에서 탈출한다는 것을 의미한다. 기술력이 높은 사람이라면 배달 비용을 지불하더라도 그 시간을 기술력에 투자하는 것이 더 효율적으로 된다. 기회비용은 시간비용이다. 버스요금이 성인과 청소년 및 노인 요금에 차등을 두는 것도 기회비용을 반영한 것으로 효율적인 자원배분에 기여하는 것이다.

증가한다는 점을 유의해야 한다.

제4강 정책의제의 개념과 설정

정책결정과정이 진행하면 인지가능한 단계가 나타난다. 듀이(Dewey)는 문제해결의 단계로 무엇이 문제인가, 대안은 무엇인가, 어떤 대안이 최선인가의 순으로 문제를 해결하는 단계를 제시한다[76]. 사이몬(H.A.Simon)은 정보(문제 이해 intelligence, 정책에 필요한 조건에 맞는 환경 탐색 활동)- 구상(design, 대안의 탐색과 평가) - 선택(choice, 선택 가능한 대안 중에서 하나를 선택하는 활동)하는 단계를 제시한다[77].

76) John Dewey, How We Think, D.C. Health and Company, New York, 1910, chap.8.
77) Herbert A. Simon, The Shape of Automation for Men and Management, Harper&Row, Publishers, Inc., New York, 1965, p.54.

1. 개인문제와 사회문제, 정책의제

문제는 목표와 현실과의 차이로 정의하였다. 정의에 따르면 목표와 현실이 일치한다면 문제는 없는 것이 된다. 문제가 존재하는 데도 불구하고 문제를 인식하지 못하는 것이야말로 위기에 심각하게 노출된 상황이다. 개인이든 조직이든 사회이든 문제에 던져진 모습을 인식하지 못하고 문제의식이 없다면 그 문제로 인하여 생존에 위협을 받게 될 수도 있다. 예를 들어 국가 시스템이 다른 나라의 침략 전쟁에 무감각하여 전혀 대비하지 않는다면 상대국의 침입에 속수무책으로 당하고 말 것이다. 다른 한편으로 목표 설정이 잘못되었거나 현실 인식이 잘못된 경우에도 문제 인식이 잘못된 것과 유사한 결과를 초래할 수 있다. 잘못된 목표설정으로 잘못된 문제를 정의하고, 그 문제를 효율적으로 해결하는 경우 행정학자들은 제3종 오류로 분류한다.

과거에는 결혼하지 않거나 결혼하고서도 자녀 없는 가정 문제는 개인 문제로 치부하였다. 개인의 선택 또는 운명적 요소로 분류한 것이다. 그러나 대한민국의 합계출산율이 0.7 수준으로 급감하자, 저출생으로 한민족의 멸종이 우려되는 상황에 직면하게 되었다. 미래에 대한민국이 소멸하게 될 것이라는 위기의식은 저출생 현상을 개인의 문제에서 사회문제로 인식하는 계기가 되었다.

사회를 크게 두 가지 방법으로 정의하고 있다. 방법론적 개체주의 입장은 사회를 개인의 총합으로 정의한다. 이러한 관점에 따르면 개인의 문제들을 합하면 사회의 문제가 된다고 간주한다. 개인주의 문화의 전통을 가진 국가에서 선호한다. 반대로 사회는 개인의 총합 이상의 속성을 가진다고 보는 견해가 있다. 사회학자 뒤르껨이 제안한 '사회적 사실(social fact)'이 이에 해당한다. 집합체와 집단주의를 중시하는 입장으로 사회문제는 개인의 문제를 단순하게 합한 것이 아니라 그 이상의 무엇이라고 정의한다. 따라서 사회문제의 해결은 개인 문제의 해결 방식과는 다른 그에 적합한 수단이 강구되어야 한다고 본다.

개인 문제가 정책 의제(policy agenda)로 전환되는 일련의 과정을 살펴보자. 개인 문제가 사회 문제를 전환되는 계기는 그 문제가 사회의 존립과 안정에 영향을 준다고 다수의 사람이 인식하는 경우이다. 저출생의 사례를 보면, 자녀 계획은 부부의 영역이다가 인구 소멸 등 국가 사회의 존립에 달린 문제로 사회 문제화되었다. 적절한 사례가 아닐 수도 있지만, 사고로 한 사람의 생명이 위험에 노출되면 개인 문제로 다룬다. 그러나 같은 사고로 여러 사람이 위험에 빠지면 사회 문제로 인식한다. 다수가 관련한 문제는 공공의 문제로 간주한다. 즉 개인이 겪는 문제가 다수가 공감하면 그 문제는 사회에서 다룬다.

사회 문제로 인식되더라도 정책 의제로 전환하는데 몇 단계를 거쳐야 한다. 객관적으로 사회 문제가 존재해도 공동체 구성원이 문제로 인식하지 못하기도 한다. 없는 문제를 문제로 잘못 정의하기도 한다. 인간이 사회 문제로 인식하고 믿는 것이 문제를 정의하는 출발점이다[78]. 사회 문제가 정책 의제로 진화하는 데는 촉발(trigger) 장치라고 하는 이슈화 과정을 거쳐야 한다. 예를 들면 다수가 같은 장소에서 불행한 경험을 했다고 가정해 보자. 다수는 사회에 대한 불만을 표출한다. 공동체 사람이 자신과는 무관한 문제라고 인식하면 문제 삼지 않는다. 이처럼 사회 문제가 그대로 사장되기도 한다. 반면에 다수인의 문제를 주장하는 사람이나 단체가 사회적인 논쟁이나 심각한 갈등 상황을 제기하면 그 문제와 관련이 없다고 무시하던 사람이 불편하거나 관심을 가지게 된다. 논쟁이나 갈등 상황을 언론이 자주 다루는데, 언론은 사실과 관계자들의 주장 및 사설과 논평 등을 수단으로 의제 형성에 관여한다. 언론의 여론 형성 기능으로 쟁점 또는 문제 관련 집단이나 관심 집단 등이 관심을 가지는 초기단계를 거쳐 대중으로 그 관심의 범위가 확대하게 된다. 공중 의제가 된 단계이다. 대중의 관심이 확산·결집하면 정부 내에서 논의하는 정책 의제로 된다. 공중의제가 바로 정부(정책) 의제로 전환되지는 않는다. 2024년도의 의대 정원 확대 정책을 반대하는 전공의의 저항을 정부는 정책 의제로 채택하지 않고, 당초 정부가 추진하던 의대 정원 확대 정책을 고수·추진하고 있다. 전공의의 저항을 언론에서 다루고, 공중이 관심이 있다고 하더라도 정부가 추진하려는 정책 기조에 부합하지 않는다고 판단하고 정책(정부) 의제로 채택하지 않고 있다.

정책 의제로 채택되기 좋은 조건을 살펴보자. 문제의 특성과 관련하여 구체적으로 문제를 정의(definition)할 수 있고, 그 문제가 사회적인 영향력의 범위가 넓으며, 심각할수록 정책의제로 채택될 가능성이 높다. 또한 그 문제의 해결 방안(수단)이 명확하고, 문제와 해결 간의 인과관계 지식이 분명하다면 의제로 채택되기에 유리하다. 의제 설정에 주도적인 역할을 하는 집단의 의지, 능력, 영향력의 크기도 정책 의

78) 인간의 인식 또는 믿음이 사건 또는 문제를 정의하는 것의 출발이라는 점은 전통적으로 인정되어 온 객관주의 또는 실증주의보다는 주관주의 또는 해석 주의가 더 중요할 수도 있음을 시사한다.

제 채택에 영향을 준다. 주도 집단의 영향력은 회원 수(규모), 예산, 공간적인 밀집 여부, 집단의 일체감, 리더십, 다른 집단과의 연계 정도, 정책 결정자에 대한 접근 등의 변수(요인)에 영향을 받는다. 문제가 놓여 있는 상황(환경)도 정책 의제 채택에 영향을 준다. 유교적인 문화와 관습의 전통은 그 문화적인 요인이 정책 채택 여부에 영향을 준다. 신자유주의 등 시대와 환경의 흐름과 유행이 정책 의제 채택에 영향을 미치기도 한다.

2. 정책의제의 개념

정책의제는 정책 과정이 시작되는 첫 관문이라고 할 수 있다. 개인 문제가 사회문제로, 쟁점(issue)화를 거쳐, 언론 의제, 공중의제를 거쳐 정책의제가 된다. 문제는 목표와 현실과의 차이라고 정의했지만, 엄밀하게는 현실 인식과 목표 인식의 차이다. 객관적인 문제가 있어서 문제로 인식하지 못하면 문제 삼지 못해 그 문제로 초래될 결과를 대비하지 못하게 된다. 또한 문제와 결과 간의 인과관계 지식이 없거나 인지하지 못해 문제해결의 기회를 놓치기도 한다. 인간은 각자의 가치와 관점을 가져 문제를 서로 다르게 정의한다. 다수인이 문제로 인식하고 해결해야 한다면, 사람들 간에 문제 인식 정도와 해결 방안에 대하여 서로 다른 입장을 취할 개연성이 높다. 즉 사람들은 사회 문제 해결을 두고 서로 갈등한다. 갈등이 첨예하게 대립하게 되면 이슈화 또는 촉발장치에 의해 갈등이 증폭되게 된다. 내외적인 상황의 변화가 자극요소가 되기도 한다. 사회문제가 중요하고, 장기적일수록 더 많은 사람들에게 확산한다. 사회문제가 이슈화되면 언론이 매개 역할을 한다. 언론은 문제와 관련한 사실과 주장을 객관적으로 보도하거나 사설과 논평으로 의제(agenda)화에 개입한다. 언론이 공론화 과정을 거치면서 공중(public)과 대중(mass)의 관심을 확대 한다. 이제 권위 있는 정부가 문제를 인식하고 다루는 정책의제가 되는 것이다. 이러한 과정이 자동으로 진행되는 것은 아니다. 정부가 정책의제로 다룰 수 없다든지, 다루고 싶지 않아 회피하는 경우도 있다. 콥과 엘더(Roger W. Cobb&Charles D. Elder 1972)는 제기(initiation), 구체화(specification), 확산(expansion), 진입(entrance)로 단계를 나눈다. 제기는 개인 문제를 사회문제로 성장시키기 위하여 개인이 사회에 주장(표출)하거나, 집단화하는 등의 방안을 강구하는 단계이다. 구체화 단계에서는 일반적인 불평·불만을 구체적인 정책 요구로 초점을 명확하게 하는 단계이다. 문제를 세부적으로 명확하게 정의하는 경우 지지층의 강력한 관심을 끌어내는 데는 도움이 되지만, 대중의 지지를 확산하는 데는 제약조건으로 작용한다. 확산 단계는 문제를 시민단체, 이익집단, 사회단체 등 조직을 통하여 대중에게 전파하여, 정부의 관심을 끌어내는 단계이다. 정부의 의제로 채택되게 되면 의제로 진입하게 되는 것이다.

3. 의제설정 모형

콥(Roger W. Cobb)은 정책 의제 설정 모형을 외부 주도 모형, 동원 모형, 내부 접근 모형으로 구분하고 있다. 외부 주도형은 공중의제가 형성된 이후에 정부의제가 되는 모형으로 다원화된 선진국에서의 정책의제 설정 현상을 설명하는 데 유리하다. 동원 모형은 정부의제를 설정한 이후에 공중을 동원하기 위하여 공중의제를 설정하는 모형으로 과거 새마을 운동의 사례를 설명하기에 적합한 것이다. 내부형은 공중의제 단계가 전문한 것으로서 사회 문제를 해결하기 위하여 정부가 공중(대중)의 관심과 지지를 고려하지 않고 바로 정책 의제를 설정하는 것을 말한다.

(1) 외부주도형

외부 주도 모형은 정부 밖의 조직(시민단체 등)이 정책 의제 설정의 주된 활동자가 되는 의제 설정이다. 세월호 특별법 및 지원법을 제정하는 과정을 보면 유가족을 중심으로 한 문제의 당사자 및 단체가 주도적으로 문제를 제기(불만 제기)한다. 이어서 시민단체 또는 정당 등 주도 집단이 문제를 구조화한다. 언론 및 사회관계망(SNS) 등 여론 형성으로 사회 전체적으로 확산시켜 공중의 관심과 지지를 기반으로 정부의 권위적이고 공식적인 문제 해결을 촉구하게 된다. 이에 정부가 문제의 심각성을 인식하고 해결하기 위하여 정책 의제로 다루게 된다. 이처럼 정부의 정책 의제 설정 과정이 정부 시스템의 외부(환경)에서 주도적으로 제기되어 정부 조직은 수동적으로 대응한다는 특징을 가진다. 선진국의 정책의제 모형이다. 관료제 밖, 외부에서 문제를 제기하고 정부 조직에 투입하는 형태이다. 문제를 상황에 놓인 사람들의 자발적인 조직화와 주도적인 노력으로 문제 인식을 사회 전체적으로 확산하고 대중의 관심을 끌어내면서 정부가 의제로 채택하게 되는 것이다. 낙동강 페놀 사건 이후 우리나라 환경정책이 강화되는 현상이 외부 주도형 모형에 가깝다.

(2) 내부접근형

내부 접근형은 음모형이라고도 불리는데, 정부 내부에서 문제를 제기하고 정책 의제로 선정하는 경우를 말한다. 국민 또는 시민단체의 이해 또는 지지가 필요하지 않거나 몰래 정책 의제를 설정하는 편이 낫다고 판단되는 정책들이 이에 해당한다. 정책 내용이 전문적·기술적이어서 일반인이 참여하기보다는 전문가 그룹에서 결정하는 편이 더 효율적인 영역에서 주로 적용되는 모형이다. 주파수 대역 할당 등 이동통신회사 사업자 선정 등 높은 전문성이 요구되는 영역이 해당한다. 외부 주도형과 반대로 정부의 주도로 의제가 성립하는 경우이다. 국민이나 대상 집단의 순응이나 동의가 필요치 않은 경우 국민의 공감대를 형성할 필요성이 없는 정책의제들은 정부가 바로 정책의제로 선정할 수가 있다. 정부의 이동통신사업자 선정 정책이 내부 접근형에 해당한다.

(3) 동원형

동원형은 국민과 시민사회 등은 문제를 인식하지 못하거나 관심이 없으나, 정부가 문제를 제기하고 구체화(구조화) 및 정책 의제로 채택한 후에, 국민의 관심을 불러일으키는 공중의제의 단계를 거치는 것이다. 고속철도(KTX) 등 사회 기반 시설을 건설하는 계획은 일반 시민은 기획하기가 힘들다. 정보시스템에서 사소함의 법칙이 작용하는 것과 유사한 사례이다. 국가 발전의 필요성에 따라 정부 관료제가 목표를 설정하고, 문제를 정의(definition)하고 공중의 관심을 촉발해 해결하려는 정책 의제 설정 모형이다.

동원형은 내부 접근형과 유사하게 정부가 정책의제를 주도한다. 다만 내부 접근형과 달리 동원형에서 다루는 정책의제는 국민(대중)의 공감대 또는 순응이 꼭 필요하다는 차이가 있다. 즉 동원형은 대중의 자발적인 참여가 정책 성공의 핵심이 된다. 과거 둘만 낳아 잘 키우자는 산아제한 정책이 사례이다. 즉 산아제한은 국민의 동의와지지 및 참여가 정책 성공의 필요조건이 되기 때문이다.

4. 정책의제 채택에 영향을 미치는 요인

(1) 문제의 특성

사회적인 영향력이 클수록, 문제가 구체적으로 정의되어 제시될수록, 문제가 심각할수록, 문제 해결책이 명백하게 존재하는 경우에 정책의제로 채택될 가능성이 높아진다.

(2) 참여집단

문제를 주도하는 집단(주도 집단)의 가치에 대한 몰입 정도, 능력이 클수록, 결속력, 리더십, 외부 집단과의 연대 정도, 정책결정자에 대한 접근 가능성, 집단의 규모(회원 수), 집단의 재정력, 집단의 지리적인 분산 정도 등이 정책 의제 설정에 영향을 미치는 요인들이다.

(3) 환경요인

국제적인 유행이나 사회의 전반적인 분위기도 정책 의제 채택에 영향을 미친다. 신자유주의로 민영화의 흐름 속에서 국영화 정책을 추진한다면 그 정책의제는 채택되기 어렵다. 즉 정책도, 다른 사회 현상과 마찬가지로, 물 흐르듯 자연스럽게 진행되어야 한다.

보론: 정책의 다양한 분야(arena)

우리의 삶이 펼쳐지는 세상을 정치, 경제, 사회, 문화로 분류하기도 한다. 세상을 묶음으로 통째로 이해하기에는 인간의 인식 능력에 비해 세상의 규모가 크기 때문이다. 분석하고 쪼개고 나누어 부분을 탐구하면 좀 더 쉽게 대상을 이해할 수 있기 때문이다. 부분을 이해한 지식을 결합함으로써 전체 세상을 읽으려는 것이다. 분야별로 정책을 구분해 볼 수 있다. 정치(정책), 경제 정책, 사회복지 정책, 문화 정책 등으로 분야별로 정책을 분류해 볼 수 있다. 정치(정책)란 가치의 권위적 배분이라고 정의한다. 사회의 모든(제) 가치를 권위적(권력+정당성)으로 배분하는 것을 정치 영역의 정책이라고 할 수 있다. 가치를 넓게 보면, 경제적 재화와 서비스, 사회적 명예, 문화적 기회와 습관 등을 모두 포괄하는 개념이므로 정치의 정책은 다른 영역의 정책을 포괄하는 것으로 볼 수도 있다. 협의로 경제와 사회 및 문화 영역을 제외한 정치 영역의 정책만을 예시로 든다면, 국민이 정치 대표자를 선출하는 선거에 관한 정책들, 국민 또는 대표자가 국가의 의사를 결정하는 방식(다수결 원칙 등)에 관한 정책들, 국가 거버넌스에 관한 정책들(국가의 중앙행정기관, 헌법기관, 지방자치단체 등 설치 및 권한 배분 등을 포함한다), 대통령 거부권 등 국가 기관과의 관계 설정에 관한 정책 등이 이에 해당한다. 경제 문제란 자원의 효율적인 배분과 소득 배분의 공정성 및 경제 성장 및 안정 등 경제 목표와 현실과의 차이라고 정의할 수 있다. 경제 문제의 해결은 시장의 보이지 않는 손에 맡기자는 견해는 아담 스미스 등 고전파 경제학자들의 정책 처방이다. 실업 문제를 해결하기 위하여 케인즈가 처방한 재정정책은 정부가 시장에 적극 개입하는 정책이다. 경제 불평등 문제를 해결하기 위하여 정부가 추진하는 사회 복지 정책이 있다. 문화 산업 육성 및 경쟁력 강화 정책은 부가가치가 높은 산업으로서 국가도 관심을 두고 적극 추진하고 있는 정책이다.

보론 : 정책의제와 법률안 작성

대한민국은 헌법은 법률안을 제출할 수 있는 권한을 정부와 국회의원에게 부여하고 있다(헌법 제52조 참조). 정부의 중앙행정기관은 법제처의 심사와 국무회의의 심의를 거쳐 대통령의 재가를 받아 국회에 법률안을 제출할 수 있다. 국회의원은 10명 이상의 동의를 받아 법률안을 발의할 수 있다. 정부와 국회의원이 제안한 법률안은 국회의장(보조기관: 의사국 의안과)에게 접수하고, 국회의 상임위원회와 법제사법위원회의 체계 자구 심사를 받은 후 본회의에서 의결하여 정부로 이송한다. 정부는 법률을 공포하고 집행한다. 법률안은 정책을 담고 있는 그릇인데, 법률안이 성안된다는 뜻은 정책 의제를 형성하는 과정과 밀접하게 관련이 있다. 대상 집단은 법률안이 담게 되는 정책에 따른 혜택을 받거나 규제를 피하고자 사전에 의견을 제출하여 법률안에 반영되도록 노력하게 된다. 입법예고 등 제도화된 절차에 따라 공식적인 의견을 제출하기도 하고, 비공식적인 접촉의 방법으로 대상 집단의 이익을 관철하고자 한다. 학령인구의 감소로 지방사립대학의 퇴출을 제도화하는 가칭'지방대학의 구조개선에 관한 법률안'이 의원발의 법안으로 추진되고 있다. 이 법안의 일차적인 대상 집단은 지방에 소재하는 사립대학의 학교법인이고, 이차적으로는 관련 지방자치 단체와 지역 주민이 영향을 받게 될 것이다. 법률을 집행하게 될 정부(교육부)와 법안을 발의하는 국회의원 및 학교법인 관계자들이 사전에 공청회와 토론회를 개최하는 등 법률안에 담을 정책의 필요성 및 실현 가능성을 토론하고 있다. 이는 정책의제를 발굴하는 과정으로 이해된다. 올해 5월에 제22대 국회가 출범하였다. 4년마다 국회의 대가 갱신되는데, 국회의 대가 마감될 때까지 국회를 통과하지 못한 법률안은 임기 말 폐기된다. 국회를 통과하는 법률안보다 더 많은 법안이 폐기된다는 점을 고려한다면 정책 의제가 정책 결정자의 손에 의해 선택(결정)받기란 쉽지 않다는 것을 알 수 있다.

제5강 정책결정 모형

니그로(Nigro)는 정책결정은 공공분야에서 협동적 집단 노력의 과정 및 산출로, 정치과정의 과정으로 본다. 정책결정은 중앙정부 및 지방정부 등 정부의 소관사항으로 정부 간 관계에 영향을 받는다[79].

모형이란 연구의 대상이 되는 복잡한 실제(사물이나 현상)[80] 대상을 단순하게 표현하여 그 대상의 전체 모습을 쉽게 설명하고 이해할 수 있게 도와주는 도구이다. 자동차 모형을 그려 보기 바란다. 거시경제학의 경제순환 모형은 생산자가 생산한 재화와 용역을 소비자가 가격을 지불하고 소비하는 모습과 근로자가 노동을 제공하고 반대급부로 임금을 수령하는 일련의 과정을 쉽게 파악할 수 있게 보여 준다. 모형은 대상을 설명하고 그 대상의 변화를 예측함으로써 처방할 수 있는 실마리를 제공한다. 정책 모형이란 정책 또는 정책 현상을 단순한 모습으로 표현한 것을 말한다. 모

---

79) Felix A. Nigro and Lloyd G. Nigro, Modern Public Administration, Harper&Row, Publisher, Inc., New York, 1973, p.18.

80) 실재(real)는 실제로 존재의 철학 개념이다. 사건은 실재에 의미를 부여한 것이다. 플라톤의 이데아 철학에서도 진리와 거짓, 본질과 현상, 주관과 객관 등 이항 대립으로 세상을 보았다. 실재를 법칙적으로 이해하려는 노력을 통해 진리를 발견하고 도달할수 있다고 보았다. 현대 포스트구조주의 학파들은 다양성의 차이에 주목하고 반복되는 패턴(pattern)을 중요시한다.

형은 추상화의 과정을 거친다. 개별·구체적으로 많은 개념과 변수 간의 관계를 있는 그대로 설명한다면 복잡하고 모두를 혼란에 빠뜨려 전체를 파악하는 데 장애가 된다. 많은 시간과 노력을 투입한 것에 비해 현상에 대한 이해에 실패하고 오해할 개연성이 높아진다. 현상과 대상을 추상화 또는 모형 없이 날 것으로 알아가려는 방식은 비효율적이고 비효과적인 방법이다. 단어들을 개념화하고, 변수들의 관계를 이론화하는 등 추상적 모형을 단순·정교하게 제시하고, 효율적으로 많은 정보를 담아 설명할 수 있어야 한다. 구체적으로 정책 또는 정책 과정은 다양한 선호와 가치를 가진 참여자들이 상호작용을 하는 동태적이고 복잡한 과정을 거친다. 정책이 생성되어 소멸하는 과정은 오랜 시간을 지나게 된다. 정책은 체계(system)로 세부 구성 요소들의 집합체이다. 무엇보다 인간의 지식이 완전하지 않아 인과관계에 대한 전제나 가정들을 완벽하게 파악하기 힘들다는 것이다[81]. 이러한 까닭에 하나의 정책의 속살을 제대로 이해하려면 많은 시간과 노력이 들여야 한다. 직접 정책 과정에 참여한다고 해도 그 전모를 속속 파악하는데 한계가 있다. 제삼자적 관점에서 정책을 파악하고 이해하기 위해서 다양한 정책들이 가지는 공통적 요소들을 조합한 정책 모형을 학습할 유용성이 있다. 정책 모형은 정책을 단순하고 체계적으로 이해할 수 있도록 도와주고, 정책에 대한 설명력과 예측 가능성을 높여 준다.

정책 모형은 연구자의 관심과 분석의 중요도를 어디에 두느냐에 따라 다양하다. 토마스 다이(Thomas R. Dye)는 정책 모형을 제도 모형, 과정모형, 집단모형, 점진모형, 합리모형, 엘리트 모형, 게임이론 모형, 체제 모형으로 분류한다.

81) 계량·양적 분석 방법이 가진 한계에 주목하면서 논리적인 연구 방법으로 논변 논법 접근방법이 사회과학의 연구방법으로 대두되고 있다. 또한 뉴턴의 물리학이 객관적 물리 현상을 인과관계 지식으로 설명할 수 있다는 주장에 대하여 일부 현대 과학자들은 반기를 들고 있다. 객관적이고 관찰할 수 있으며 검증할 수 있는 연구 대상으로서의 사실은 연구자의 주관이 정의 또는 조작한 해석이라는 것이다.

1. 제도모형

정책을 공식적인 정부 기관(제도)이 산출한 산출물로 보는 견해이다. 즉 정책은 제도의 결과물이라는 것이다[82]. 전통적으로 정책의 집행 주체는 공식적(법률적)인 권위를 가진 정부 기관이라는 것에 동의한다. 헌법, 법률, 행정명령 등 각종 법령에서 정하고 있는 정부 조직의 역할과 기능의 대부분은 정책과 관련한 것이다. 프랑스 건축법 제1조에서 사람이 건축물을 만들고, 건축물은 사람을 만든다고 규정하고 있다. 마찬가지로 인간이 설계하고 만든 제도가 사람의 행위와 선택을 규율하는 기제로 작용하는 것이다. 제도주의의 전형적인 모습은 몽테스키외의 법의 정신에서 제안하고 있는 삼권분립의 원리이다. 국가의 기능을 입법권, 행정권, 사법권으로 나누고 서로 견제와 균형의 원리로 국가 권력의 독점과 남용을 방지하려는 것이다. 이를 통해 국민의 기본적 인권을 보장하려 했다. 국가의 권력 행사를 제도적인 장치를 통해 제한하려는 구제도주의의 원리와 정신은 지금까지도 큰 역할을 하고 있다. 따라서 제도주의 연구는 국가의 각종 법령을 분석함으로써 정부 기관의 행동을 규명하고 예측할 수 있다고 본다. 예를 들어 정부조직법에서 규정하고 있는 중앙행정기관의 기능은 제도주의 연구자들이 반드시 참고하는 연구의 출발점이 된다. 현대의 제도주의자들은 과연 제도적인 규율이 그대로 사람을 규율하고 있는가에 대한 의문을 가진다. 법령으로 어떤 기능과 행위를 할 것을 규정하고 있다고 하더라도 사람이 그 규정대로 집행할 것이라는 믿음에 회의적으로 보게 되었다. 왜냐하면 사람은 규정을 이해하고 해석하는 데 완전한 일치를 보기 어렵기 때문이다. 인간이 가진 실존적인 한계 및 언어의 문제는 규정으로 정하고 있는 제도를 다양하게 해석할 개연성이 매우 높기 때문이다. 특히 사회 문화적인 차이 또는 경제적인 처지나 정치적 계층의 차이는 의식적·무의식적으로 제도의 인식을 달리하는 요인이 되기도 한다. 제도의 형식적인 면을 중시했던 전통적인 제도주의(구제도주의)와 달리 현대의 신제도주의자들은 형식화(formal)된 법령에서만 제도를 찾지 아니하고 행위와 선택 및 관습 등 다양한 측

---

82) 프랑스 건축법 제1조는 사람은 건축물을 만들고, 건물은 사람을 만든다고 규정하고 있다. 즉 제도는 정책을 만들고, 정책으로 제도를 변화시킬 수도 있다.

면에서 제도를 발견하려고 한다. 합리적 선택 신제도주의, 역사적 신제도주의, 사회문화적 신제도주의는 제도를 다양하게 정의하고 있다. 합리적 선택 신제도주의는 경제학의 접근을 배경으로 하는 연구자들로서 인간의 경제적 합리성과 이기심을 인정한다. 제도는 인간의 행위를 제약하지만, 인간도 제도를 변화시킬 수 있다고 보았다. 역사적 신제도주의는 국가 간의 차이를 인정하는 중범위이론[83]으로, 각 국가는 역사적 경로의존성을 가진다고 보고 제도의 역사성을 중시한다. 사회문화적 신제도주의는 관습과 문화 등도 제도의 한 요소로 간주한다[84].

> 제도는 중요하다. 국가 및 지방자치단체의 공무원 및 공공기관 임직원의 업무에 대한 기대와 태도는 과거와 달라지고 있다. 공직 수행 방식과 태동의 변화는 기성(구) 세대와 다른 젊은 세대의 가치관의 차이에도 기인하지만, 제도의 변화와 밀접한 관련이 있다. 공적 업무의 전문성과 복잡성이 증가하고, 컴퓨터를 활용한 디지털화된 업무환경으로 정보의 실시간 공유가 가능한 점이 행정부와 입법부의 정책결정 주도권(관계) 변화에도 영향을 주었다. 특히 직권남용죄를 업무 방식에 광범위하게 적용하는 관행이 조직의 상급자가 정책 문제를 해결하기 위하여 하급자를 적극적으로 지휘·명령하는데 걸림돌이 된다고 주장한다. 일선 경찰서장이 긴급한 상황에 대응하기 위하여 소속 경찰관에게 -구두가 아닌- 문서로 지휘하도록 한다면 중요한 타이밍을 놓치게 될 것이다. 전반적으로 책임지지 않고, 업무 방식의 변화로 받게 될 감사 등 불이익을 회피하려는 성향과 안정(보신주의)을 추구하는 공직문화가 더 강화되는 경향이 있다. 설거지를 하다가 그릇을 깬 사람에게 면책해 주겠다고 감사기구가 표명하지만, 현실은 보신주의가 더 안전하다고 믿는 공직자가 많다. 능력 없고, 능력을 발휘하지 않아 오랜 기간(정년)을 공직에 남을 수가 있다고 믿는다. 국가공무원법 등 현행 경력직 공무원을 규율하는 제도가 직업공무원제 및 정년을 보장하고, 일부 고위공무원은 정년 전에 명예퇴직을 하는 관행·제도가 공직의 정체성을 고착화하는 문제를 야기하고 있다.

---

83) 중범위이론은 일반이론보다 사회현상의 한정된 측면을 연구하는 것을 말한다. 생태론(환경을 중시하고, 국가 간 문화비교에 중점), 상황 이론(불확실한 환경에서는 유기 조직이 적합), 신제도론, 관료제론(각국의 행정제도를 관료제를 척도로 분석) 등이 중범위이론의 범주에 포함된다. 일반이론이 다양한 국가에 적용할 수 있는 것을 지향하는 데 반해, 중범위이론은 국가별 차원에 적용과 설명하는 이론이다.

84) 인간의 관습과 문화도 자연환경의 조건에 영향을 받는다. 일본 사람은 카드나 디지털 화폐보다도 실물화폐를 소장하고 사용하는 성향이 강하다. 이는 지진 등 자연환경의 불안정과 연계된 것으로 보는 시각이 있다.

2. 과정모형

정책 과정모형은 정책이 산출되어 집행되어 환류(feedback)하는 일련의 과정을 단계별로 연구하는 것이다. 문제를 해결하기 위하여 정책을 결정하고 집행하는 행위자들의 영향력과 행태는 정책 과정 단계별로 차이가 있다. 정책이란 문제를 인식(요구와 욕구)하고, 정책 대안을 만들며, 비용편익분석 등을 통한 대안을 선택하고(입법 또는 정치적 정당성과 지지 확보), 정책 집행 및 평가의 과정이다. 정책 과정은 일반적으로 결정-집행-평가·환류 순환이다. 정책의 내용(유형)에 따라 정책 과정이 정책에 미치는 영향이나 모습이 다르다는데 주의해야 한다.

생각하기 : 정책이 만들어지는 방법(과정)이 정책의 내용에 영향을 미치는 것일지 아니면 정책의 내용이 정책 과정에 영향을 미치는 것일까를 토론해 보자.

규제정책은 규제의 대상이 명확한 경우가 많다. 정책으로 손해를 보는 집단이 분명하게 존재하므로 정책 결정에 조직화한 영향력을 행사하려고 노력할 것이며, 정책 집행 과정도 집단의 이익을 지키려 활발하게 활동할 것이다. 일반적·보편적인 기준을 설정해 두고, 기준에 합당한 집단에 대하여 지원하는 정책은 다수인 또는 집단을 대상으로 하므로 주도 집단의 적극적인 활동을 기대하기 어렵다. 이처럼 정책의 내용이 과정의 모습을 좌우할 수도 있고, 결정 과정 또는 절차를 어떻게 제도화하는가에 따라 정책 내용이 영향을 받기도 한다.

> 규제정책이라고 할지라도, 그 내용에 따라 표출되는 정책의 모습이 다른 사례도 있다. 환경부의 상수원수질보전대책으로 상수원보호구역 지정 정책(수도법 제7조 참조)이 있다. 상수원보호구역 내의 행위제한을 받는 주민(규제를 받는 주민)은 소득증대사업, 복지증진사업, 육영사업 등 행위제한(규제)를 순응하는 대가를 지원받는다(수도법 제9조 참조). 기획재정부 소관 법률인 공공기관운영에 관한 법률(2007년 제정)에 따라

300여 개의 공공기관을 관리하고 있다. 공공기관의 방만한 경영을 막고 운영의 투명성을 높여 국민 서비스 증진에 기여하려는 목적에도 불구하고 공기업과 국가경쟁력에 방해가 되는 걸림돌이 된다는 보도가 있다[85]. 공기업의 예산·인력·조직 등을 획일적인 틀에 가둬 개별 공공기관의 업무성격과 규모 등을 고려하지 못하고 있다는 것이다. 주민의 재산권을 침해할 우려가 있는 환경부의 상수원수질보전정책은 정책 내용에 규제에 따른 주민의 손해와 불편을 해소하기 위한 반대급부 성격의 지원을 포함한다. 반면 공기업 등 공공기관의 운영을 규제하는 정책은 정책 내용에 규제만 포함할 뿐이다.

85) 한국경제, "결국 국민이 손해 보는데"…공기업 망쳐버린 공운법에 '한숨', 2024.07.29., A1면 참조.

3. 체제 모형

이스턴(David Easton)의 정치 체제 모형을 적용하여 정책 과정을 살펴보기로 하자. 체제란 일정한 목적을 달성하기 위한 구성 요소들의 집합(상호 관계 또는 작용)이라고 정의한다. 인체도 유기체로서 시스템이다. 시스템의 궁극적인 목적은 생존이다. 인간도 살려고 애쓰듯, 시스템도 생존을 위해 기능한다. 인간이나 조직이나 흥망성쇠를 거쳐 소멸하게 되는데 이를 엔트로피(entropy)라고 한다. 즉 시스템은 네거티브 엔트로피로 멸망하지 않도록 끊임없이 노력한다. 시스템은 외부 환경과 상호소통을 하는가에 따라 폐쇄 시스템과 개방시스템으로 구분한다. 시스템이 구성요소들의 집합이라는 관념은 분석적 사고(연구)와도 밀접하게 관련된다. 시스템은 하위시스템 또는 상위시스템으로 차원을 달리한다. 시스템은 환경으로부터 요구와 지지 및 자원(인적, 물적, 에너지, 정보 등)을 투입받아, 시스템의 유지 및 성장 등 시스템의 기능을 수행한다. 이러한 기능의 결과 시스템의 산출물을 환경에 제공한다. 정책학의 체제 모형에서 그 산출물은 정책(결정)이 된다. 현실 세계에서 입법부(국회)가 입법을 산출하여 정부에 넘기는 것이 이에 해당한다. 즉 정책 결정 시스템에서 체제란 국민의 요구와 지지를 투입 받아 권위 있는 정책을 결정하여 산출하는 제도 또는 활동들의 집합을 말한다.

4. 합리모형과 점증모형

합리적이라고 하면 이성에 합당하더라는 의미이다. 합리성을 정치적 합리성과 경제적 합리성으로 구분할 수 있다. 정치적 세계는 개인 또는 집단 간의 가치와 이익 추구 방향이 서로 다른 갈등 상황을 전제로 한다. 협상과 타협으로 완화된 갈등상태에 도달하게 되면 정치적으로 합리적인 선택 지점이 되는 것이다. 경제인은 이익 또는 효용을 극대화한다는 뚜렷한 목표를 가진다고 가정한다. 개인과 집단은 이기적인 욕구를 가장 효율적인 방법으로 충족할 것이라는 데 동의한다. 따라서 같은 목표를 달성하기 위하여 노력하는 하나의 유기체로 간주한다. 경제적 합리성은 목표 달성을 위한 효율적인 수단을 선택하는 것을 의미한다.

(경제적)합리 모형은 사회적 이익을 극대화하는 정책을 결정할 수 있다고 본다. 이를 위해 정책결정자는 사회 내의 모든 가치와 선호의 상대적 비중을 알고(지식이 있을 것), 그 가치와 선호를 달성하기 위한 모든 정책대안을 발견할 수 있어야 한다. 각각의 대안에 대한 귀결(결과)를 알아야 한다. 즉, 각 대안의 인과관계에 관한 지식이 완전해야 한다. 각각의 대안을 비교 또는 비용편익분석을 통하여 상대 비교를 할 수 있어야 한다. 이를 통해 가장 효율적인 대안을 선택한다고 가정한다. 그러나 현실 세계에서 이러한 조건을 충족하기란 매우 어렵다. 애로우는 불가능성의 정리를 통해 사회후생함수(social welfare function)를 도출할 수 없다고 한다. 즉 공동체의 사람들 또는 집단들의 선호와 가치관의 우선순위를 부여할 수 없다고 보았다. 시장의 가격 메커니즘은 자원 배분의 효율성은 달성할 수 있다고 하더라도, 소득 배분의 공정성을 확보하지 못한다는 것이다. 사이먼은 인간이 제한된 합리성(bounded rationality)을 가져 합리적인 의사결정을 하기보다는 만족 모형에 따라 제한된 범위의 대안들에 대하여 제한된 귀결 및 비용 편익 분석을 한다고 보았다.

(정치적)합리 모형이라고 할 수 있는 점증모형에서 정책은 약간의 수정이나 변형을 거친 정부 활동 노선이라고 한다. 린드블럼(Charles E. Lindblom)은 정부는 시간과 정보 및 비용 등의 제약조건이 있어 완전하고 포괄적인 정책 결정이 불가능하다고 보았다. 정부의 예산 편성 실태를 보더라도 내년도의 예산은 올해의 예산에서 물가 상승률을 반영한 정도로 점증적인 변화에 거친다고 보았다. 점증주의 모형은 현

실을 인정하고, 다수의 이익집단이 정치에 참여하는 다원주의 정치구조에서의 정책 결정을 설명하는 데 유용하다.

미사일이 목표물에 정확히 도달하기 위하여 과정 과정에 오류를 수정하고 보완하는 잡음(noise)의 과정을 거치게 된다. 미사일이 일직선으로 목표물을 타격하는 것이 아니라 환경의 정보를 해석하여 미사일의 위치를 미세하게 조정하는 활동을 한다는 것이다. 불확실한 환경과 역동적이고 적응적인 상호작용을 통해 목표를 달성하는 모형을 사이버네틱스 모형이라고 한다. 이 모형은 효용 극대화, 수익 극대화 등 하나의 유기체로 가정하고 단일한 목표를 전제로 하는 경제 모형과는 달리, 환경이 변화한다는 것을 전제로 한다. 상황과 환경의 변동에 적응을 강조하는 모형이다.

생각하기 : 정책 결정과 죄수의 딜레마

개인의 차원에서 합리적인 의사결정을 하더라도 집합적으로는 비합리적인 결정(선택)에 도달하게 되는 현상을 죄수의 딜레마로 표현한다. 사회가 파레토효율적인 결정을 하지 못하고 정책 실패를 가져오는 대표적인 현상이다. 죄수의 딜레마 사례는 공범으로 추정되는 두 명의 수감자가 각기 다른 방에서 범죄 사실을 조사받는 상황 게임을 가정한다. 각각의 수감자는 자백하는 것과 자백하지 않는 것 각각의 대안을 선택할 수 있고, 각 대안의 선택에 따라 대가(payoff)를 받기로 예정되어 있다. 두 사람 모두 자백하지 않으면 파레토효율 선택을 하게 되지만, 두 사람은 서로를 신뢰할 수 없어 모두 자백하고 최고 높은 형량을 구금 받게 된다는 것이다. 각 게임 참여자가 상대방의 전략을 주어진 것으로 간주하고 자신에게 최적인 전략을 선택할 때 그 선택의 짝을 내시 균형이라고 한다. 즉 죄수의 딜레마 모형에서의 선택은 내시 균형으로 파레토 최적이 아니다.

5. 쓰레기통 모형

조직의 구성요소 간의 응집성이 매우 약한 경우에서의 정책 결정 모형을 쓰레기통 모형이라고 한다. 현대 사회는 환경의 변화가 빠르고 그 불확실성이 높아 엉성하게 연결된 조직(loosely coupled)이 살아남기에 유리하다. 팀 조직 또는 분권화된 조직 구조는 급변하는 환경 변화에 적응하기 위한 조직의 대응 결과이다. 올슨(John P. Olson)은 쓰레기통 모형에서 목표나 선호가 명확하지 않을 뿐만 아니라, 목표와 수단과의 인과관계도 유동적이어서 불확실한 상황을 가정한다. 조직의 정책 결정은 문제, 해결, 참여자, 기회 등의 요소들이 서로 다른 시간에 쓰레기통에 들어와 우연히 한 곳에서 만나 결정이 이루어진다고 보았다. 대형 참사 사건과 같은 점화장치(triggering)가 정책 결정을 하게 되는 계기가 된다는 것이다.

보론 : 정책결정의 주체(기관)와 정책(공공)서비스

그리스어 정부(government)의 유래는 배를 저어간다는 의미이다. 현대 행정학의 방향 잡기(steering)과 유사한 개념이다. 플라톤의 국가론과 아리스토텔레스의 정치학에서 국가의 통치행위를 배를 조정하는 항해술로 본다. 일반적으로 국가는 입법부(국회), 행정부(정부), 사법부(법원)를 포괄한다. 대한민국 헌법상 헌법재판소와 선거관리위원회 등도 헌법기관으로서 국가를 구성하는 기관이다[86]. 정권은 국가라는 배를 방향 잡고 움직이는 행위자로서 동태적인 개념이다[87]. 정권에 따라 정부의 규

---

86) 국가의 기능은 시대에 따라 변천한다. 근대 국민국가 및 야경국가 시대를 거쳐, 20세기 복지국가를, 20세기 말 정부실패와 신자유주의가 확산하면서 작은 정부 및 이음매(분절) 없는 정부(seamless government), NPM, NPS 등 새로운 정부와 국가 모형이 등장하고 있다. AI(인공지능) 시대가 도래하면서 국가의 기능이 어떤 모습으로 변화할 것인지를 예측해 보기 바란다.

87) 정부와 정권 개념상의 관계를 살펴보자. 정권을 담고 움직이는(미사일이 탄두를 싣고 목표물을 명중하듯이) 몸체는 정당이라고 할 수 있다. 현대 민주주의는 정당 민주주의라고 해도 과언이 아니다. 정권 획득을 목적으로 하는 정당이 후보자를 내세우고 여론을 결집하는 활동은 정치적 이익을 결집하고 명확하게 하는 긍정적인 기능을 수행하고 있으나, 한편으로는 국민의 여론 형성을 왜곡하거나 정치적 선택을 제한하는 단점이 노

모가 다르다. 노무현 정부는 2 원, 18 부, 4 처, 18 청, 10 위원회인 데 반해, 이명박 정부는 2월, 15 부, 2 처, 18 청, 5 위원회로 그 기관의 수가 상대적으로 줄어들었다. 진보 정권은 공익을 달성하기 위한 정부의 역할을 중시하는 입장에서 큰 정부를 지향한다. 반면에 보수 정권은 시장의 자율성을 강조하면서 정부의 규모와 역할(기능)을 최소화하려고 한다. 각종 규제완화정책을 선호하는 것도 같은 맥락에서 이해된다. 조직 또는 기관이 만들어지면 그 기능을 수행하면서 존재의 정당성을 인정받으려 한다. 행정기관의 수가 많아지면 정책 결정 권한을 행사하는 주체(행위자)가 늘어나는 것과 같다. 정부가 수행하는 업무과 기능이 확장되면서 공조직이 제공하는 공공서비스의 양과 질이 향상하게 된다. 공공재를 활용하는 수요자(국민) 입장에서 편익이 증가하는 긍정적인 효과를 기대할 수 있으나, 반대로 세금 및 각중 규제의 증가로 비용과 비효율성이 높아지는 폐단도 나타나게 된다. 뷰케넌과 툴록의 비용 최소화 선택 전략이 적정한 공공 조직(기관)의 수 또는 공공서비스의 양을 결정하는데 참고할 만하다.

출되기도 한다. 특히 정당민주주의가 의회민주주의를 유명무실화하는 문제를 노정하면서, 특수이익이 일반이익을 억압하는 부작용이 나타나기도 한다는데 주의해야 한다.

제6장 정책 문제의 정의

몽테스키외의 페르시안 편지와 법의 정신에 존 로(John Law)가 등장한다. 프랑스 루이 14세 이후 국가재정 결손이 심각한 상황에서 화폐발행을 통한 경제 부흥을 시도한 경제재상(장관)이다. 존 로는 경제 문제를 인식하고 그 해결책으로 확장적 통화정책을 시행했다. 정책시행 결과 인플레이션의 증가로 채권자의 불만을 샀다. 문제를 해결하고자 시행한 정책으로 또 다른 문제를 양산하게 된 것이다. 문제를 그대로 두고 방치하는 전략이 좋은지 아니면 적극적으로 해결책을 시행하는 것이 나은 지는 문제의 성격과 그 문제해결을 위한 인과관계 지식 및 정책 통제 가능성 등을 고려해야 한다.

인식 대상인 문제가 실존하는 것인 가에 관한 두 가지의 존재론적(ontological nature) 관점이 있다. 대상이 객관적으로 외부에 실재한다고 보는 실재론(realism)과, 연구하는 현상이 객관적으로 존재하는 것이 아니라 주관적으로 의미를 부여한 것이라는 유명론(nominalism)이 있다. 다른 차원으로 인식론(epistemological nature) 은 연구 대상 또는 세상을 계량적·실증적으로 측정할 수 있다고 보는 실증주의와, 대상(세상)을 인간이 이해하고 서로 소통할 수 있는 의미와 해석으로 간주하는 반실증주의(antipositivism)가 있다. 사회문제가 정책의제로 되면 정책 문제로 정의된다[88]. 정부가 공식적으로 정책 문제의 원인과 문제를 정의·우선순위를 정한다.

---

88) 정책의제(agenda)라는 것은 권위있는 정부 기관이 문제로 인식하고 해결 방안을 강구하고자 대상을 삼았다는 의미이다. 현실은 문제로 인식하는 순간에 해결책에 대하여도 함께 고민하는 경향이 있다.

1. 문제의 뜻

문제는 목표(바람직한 미래의 상태)[89]와 현실의 차이로 정의할 수 있다. 문제를 목표와 현재 각각의 상태(static)의 차이로 정의한다면, 과정이나 절차 즉 유량(flow)을 저량(static)으로 환원해서 비교해야 하는 불편함이 있다. 지금이 만족스럽지 못한 상황이라면 문제 상황이라고 할 수 있다. 문제 상황을 바람직한 상태로 전환해 나가는 과정을 문제해결 과정이라고 한다.

문제는 과연 객관적 사실로 존재하는 것인지 아니면 문제는 주관적으로 정의되는 것인지를 논의해 보자(철학적인 질문에 가깝다). 객관주의와 주관주의의 논쟁으로 연결되는 주제라고 볼 수 있다. 근대의 합리주의, 객관주의, 과학주의의 사조는 관찰할 수 있는 객관적인 사실을 과학적 방법으로 연구함으로써 진리에 도달할 수 있다고 보았다. 이러한 견해에 따르면 정책 문제는 객관적 사실로 존재한다는 것을 인간이 인식하는 것이고, 문제해결을 위하여 인간은 인과적·과학적 지식을 동원해야 한다. 문제를 인식하지 못해 위험을 초래한다면, 문제 그 자체가 문제이기도 하지만 문제를 발견하지 못해 적절한 대응을 하지 못한 인간도 책임이 있다. 즉 개인 또는 집단 및 조직은 문제를 해결하기 위한 첫 번째 관문으로 문제를 인지할 수 있는 능력과 감수성을 향상해야 한다[90]. 반면, 문제는 주관적으로 정의하는 것이라고 보는 견해가 있다. 객관적인 사실이 존재하더라도 개인 또는 조직의 문제 인식 차이가 있을 수 있다는 것이다. 동일한(identical) 상황에 대하여 특정 집단은 문제라고 인식하는 데 반하여 다른 집단은 전혀 문제 될 것이 아니라고 보는 것이 대표적인 사례이다. 예를 들어 무전공대학 입시 정책으로 인문학이 위기에 처하게 되어 문제라고 주장하는 사람이 있는 반면에 대학 경쟁력을 강화하는 과정에서 감내해야 할 과정으로 정책을 수용·인정하는 사람도 있다. 주의할 점은 문제를 어떻게 정의하느냐에 따라서 그 대응 또는 해결 방안까지도 달라질 수 있다.

89) 바람직한 미래의 일정한 방향을 목적이라고 정의하면서 목표와 구분하기도 한다.
90) 현대는 전문화·조직화 되어 조직 내 인간은 주어진 업무를 반복적으로 수행하는 부품화된 존재가 된다. 대량생산과 소비의 시대를 맞아 획일적 사고와 유행이 지배한다. 복잡한 문제를 단순하게 정의하거나, 조직 환경의 변화에 민첩하게 대응하지 못해 조직의 생존이 위협받는다.

문제를 정확하고 효율적으로 인식하게 되면, 비용을 절감하고 합리적인 대안을 모색하기에 유리하다. 사이먼의 제한된 합리성과 만족 모형에 따르면 인간의 인식과 정보처리 능력은 제한되어 있어, 문제의 인식과 대안 발굴과 선택 등이 한정적이고 제한된 범위에서 이루어진다고 본다. 인간이 경제적·합리적으로 완전한 정보 능력을 갖춘 존재라고 간주하는 합리모형은 문제 인식과 그 해결을 위한 인과관계 지식 등을 완벽하게 도출해 낼 수 있다고 한다.

정책 문제의 양면성 : 호텔링 이론, 부케넌과 툴록의 공공선택론 등은 중용과 중간지대의 비용효율성을 인정한다. 경제이론으로 정치현상을 설명하는 공공선택론은 보수당과 진보당의 정강저책이 중간지대에서 만나 정당 간의 정책 차이가 줄어들 것이라고 한다. 현실 정치는 양 극단으로 나누어 갈등과 대립이 증폭하는 모습이다. 시민사회의 갈등을 해소하고 타협을 이끌어야 할 정치가 역할을 다하지 못하고 있다. 사회의 갈등을 증폭시켜 그 피해는 국민이 고스란히 받고 있다. 정권의 교체에 따라 전 정권에서 추진하던 정책이 원점으로 회귀하고, 매몰 비용(sunk cost)이 된다. 국가의 메모리 기능이 상실한 것이다. 정부의 정책이 좌·우로 회귀하면서 국가 자원의 낭비와 비효율을 초래한다. 정당이 정책 문제를 서로 달리 정의하면서 국민이 부담하는 부담이 커지고 있다.

2024년도 7월 국회 행정안전위원장이 제안한 2024년 민생회복지원금 지급을 위한 특별조치법안(대안)[91]은 경제의 어려움을 극복하고 내수 및 경제의 경기회복을 위하여 전 국민에게 25만 원에서 35만 원 수준의 지역사랑상품권을 민생회복지원금으로 지원하기 위한 제정 법률안이다. 제정 법률안에 대하여 여당은 정부의 예산편성권 침해 등 헌법 위반의 소지가 크다며 법 통과를 반대한다. 즉 경제 상황에 관한 인식 및 그 상황을 극복(해결)하기 위한 정책에 관하여 여당(국민의 힘)과 야당(더불어 민주당)의 입장차이가 매우 크다.

---

91) 동 제정 법률안은 이재명의원 대표발의안과 서영교의원 대표발의안을 통합하여 국회 행정안전위원장이 대안으로 제안한 법률안이다. 국회행정안전위원회의 심사(2024. 7. 18.) 및 법제사법위원회의 심사(2024. 7. 30.)를 거쳐, 의안번호 2451로 국회 본회의를 통과하였다. 국회의안정보시스템 참조.

2. 문제의 속성

정책 문제는 다수가 관련한 공동체 사회에서 발생하는 것이다. 따라서 정책 의제가 되는 문제는 다수의 이해관계자가 연결된 복잡한 성격을 가진다. 또한 그 문제를 해결하는 방안에 관하여도 집단 간에 서로 달라 갈등 상황에 노출되기 쉽다. 문제를 인식하는 시기도 매우 중요하다. 사회문제를 방치하여 심각한 갈등을 유발한다면 정부에 대한 불만과 신뢰의 상실로 정책 집행의 효과를 기대하기 어려운 딜레마 상황에 빠지기도 한다. 문제는 그 사회의 정치적, 경제적, 사회적, 문화적, 기술적 수준에 연계되어 제기된다. 정치적으로는 억압구조에서 민주 구조로 전환하는 과정에 갈등이 분출되어 불안한 정책의제가 폭증할 개연성이 높다. 경제적으로도 경제적 파이가 높아져 먹고 사는 문제가 어느 정도 해결되었다는 시점에 오히려 불평등이 심화하는 등으로 갈등 상황에 직면하기도 한다. 정보통신기술이 발달한 현대 사회에서 과거와 달리 해킹이나 사이버상의 디지털 격차 등의 정책 문제가 새로 등장하게 된다[92].

92) 죄수의 딜레마가 시사하듯이, 정책의 성공에 신뢰(social capital)와 치우치지 않는 균형(중용, 중간지대)이 전제되어야 한다. 항상 변화하는 세상에서 중간지대를 발견하고, 그 중용을 맞춰가려면 세상의 변화에 적응해야 한다.

3. 정책문제의 구조화

애코프(Russel L Ackoff)는 "문제해결이 성공하기 위해서는 문제에 대한 올바른 인식과 올바른 해결책을 구하는 것이 필요하다. 일반적으로 우리들이 여기에 실패하는 이유는 '문제에 대한 잘못된 해결책'보다는 '문제에 대한 잘못된 인식'에 의한 해결책을 강구에 의한 것이 대다수이다."라고 하였다. 그만큼 문제를 정확하게 정의하고 파악하는 것이 문제 해결의 중요한 첫 단추로서 기능한다는 것이다.

문제를 구조화한다는 것은 실체적 문제의 개념화와 실체적 문제를 형식적 형태로 정형화(모델화)하는 단계를 포함한다. 문제를 구조화하면서 실체적 문제와 형식적 문제가 본래의 문제 상황에 제대로 잘 대응하고 표현하고 있는가(문제의 동질성 확보)에 주의해야 한다. 인간은 잘못된 세계관 또는 선입관과 특정한 이념 정향들로 인해 인간의 합리성에 한계를 가지게 되기 쉽다. 따라서 문제의 동일성을 유지하면서 개념화하는 데 실패할 개연성이 있다. 또한 개념화된 문제를 적절하지 못한 수학적 모델이나 모형으로 표현하는 오류를 범할 수도 있다. 즉 문제 상황에 직면한 인간은 문제를 개념화하고 정식화하는 일련의 과정을 거쳐(이러한 과정을 문제의 구조화라고 한다) 해결책을 해석하고 적용하게 된다. 통계학에서는 가설이 올바르지만 기각하는 제1종 오류와 가설에 오류가 있지만 이를 승인· 채택하는 제2종 오류, 잘못 정의된 문제를 효율적으로 해결하는 소위 제3종 오류를 경계한다.

정책 문제의 구조를 표현하기 위하여 정책 모형을 활용한다. 현실의 복잡한 문제 상황을 그대로 기술(description)한다면, 표현 자체가 쉽지 않을 뿐만 아니라 표현한 복잡한 기술 내용을 명료하게 이해하기란 불가능할 것이다. 이러한 문제에 대응하고자 복잡한 대상 문제의 본질적이고 중요한 속성과 그 변수 간의 관계를 모형이 보여줌으로써 문제에 대한 이해와 통제를 쉽게 하는 데 도움을 준다. 활용이 많은 모형의 사례로는 경제학에서의 거시 경제 순환 모형이나 자동차 모형 등이 있다.

정책 문제를 구조화하기 어려운 여러 가지 요인이 있다. 인간이 가진 합리성의 한계와 객관주의와 주관주의 논쟁에서 정책문제가 가지는 특징을 살펴볼 수 있다. 정책문제는 서로 연계·의존되어 있어 인과관계의 구조가 복잡·다기하다. 문제 자체의 요소 간의 복잡성도 있고, 문제와 문제 간의 상호 의존성에 따른 복잡성도 존재한다.

탄소배출을 규제하여 환경을 보전하기 위한 환경정책이 에너지 정책과 긴밀하게 연계된 것이 대표적인 사례이다. 이처럼 문제는 서로 연결된 시스템적 구조로 되어 있다는 점에서 문제를 분리하여 해결하는 접근방법은 한계에 직면하게 된다. 따라서 완전한 문제 해결을 위해서는 문제의 계층과 연계 구조를 꿰뚫어 보는 인간의 인식능력이 뒷받침되어야 한다. 일찍이 사이몬이 지적한 대로 인간의 제한된 합리성으로 사물의 전부를 정확하게 파악하기란 불가능한 것이다. 즉 문제는 인간의 이성에 의하여 조합된 산물이므로 주관적으로 재정의되어 서로 다른 해석으로 표현되기도 한다. 객관적인 사실을 인간은 서로 다르게 해석하고 의미를 부여하는 것이다.

정책 문제는 가만히 그대로 있지 아니하고, 늘 변화하는 속성을 가진다. 문제의 요소들과 요소 간의 구조는 항상 변동하게 되는데 그 변화에 즉각적으로 대응하는 인간의 인식능력을 기대하기 어렵다. 불완전한 인간의 내재적인 한계를 인정한다면, 만족모형 또는 점증모형이 합리모형보다 더 현실적으로는 유용성을 가진다고 할 것이다.

4. 문제의 인식과 정의

사물을 본질을 정확하게 인식하는 것은 철학의 논쟁 주제의 하나이다. 정책 문제는 복잡하고 다양하게 변하는 속성을 가지므로 그 문제를 정확하게 파악하기란 쉽지 않다. 정책문제의 본질과 현상 또는 추상성과 구체성의 차원 등에 따라서 문제를 인식하는 수준이나 방법이 달라야 한다. 동일한 문제에 대하여 사람은 서로 다르게 인식하기도 한다. 문제에 관한 인과관계의 지식이나 경험의 차이가 문제 인식의 차이를 가져오기도 한다. 문제를 언제 인지하는가도 중요하다. 문제의 초기 상태에서 발견한다면 상대적으로 쉽게 문제를 해결할 수도 있다. 다수인에게 광범위하게 확산한 상태에서 문제를 인지하게 된다면 그 문제를 관리하고 해결하는 데 더 큰 노력과 시간이 투입되어야 한다.

보론 : 국가 기능의 변천과 정책의 변화 (상관성)[93]

행정학 등 현대 과학은 서구를 중심으로 발전하였다. 고대 그리스·로마와 중세의 장원제도를 거쳐 근대 르네상스 시대를 거쳐 학문의 세계가 번성하기 시작했다. 중세 암흑기(신 중심의 사회)에 인간은 신 중심의 사회에 적응하였다. 이성주의, 합리주의, 과학주의, 개인주의를 앞세워 근대의 문을 열기 시작하면서 신과 인간의 관계가 도치되었다. 신에게 의지하던 인간의 모습에서, 인간의 주체성을 강조하게 되었다. 이 시기에는 절대왕정을 극복하고 공화정으로 전환하던 추세를 보인다. 근대 민족국가의 등장과 경제적 자본주의의 등장(기계화, 공업화)으로 대량생산과 대량소

---

93) 정책은 시대의 상황(환경) 변화에 따라 그 내용과 형식이 변한다. 「"어렵다. 기술이 너무 빠르게 변하고 있다. 개인정보보호법은 인공지능(AI) 시대를 상정하지 않았다. AI 시대에 맞추려고 애쓰는 상황이다. 가령 개인정보보호법에선 정보를 수집하고 처리한다고 하는데 개인정보를 수집하기 위해선 정보 주체의 동의를 받아야 한다. 물론 한 명 한 명 일일이 설명하고 동의를 받는 것은 현실적으로 어렵다. 아날로그 시대의 패러다임과 너무 다르다. AI 기술을 활용한 안면 인식, 차량 이동에 따라 전방위로 주변을 촬영하는 자율주행차량 카메라 등은 4~5년 전만 해도 생각하기 힘들었다. 정책부서에서 이런 부분을 계속 고민하고 있다."」 (출처: 문화일보. "AI 상상도 못한 때 만든 '개인정보법'… 챗GPT 시대 맞춘 기준 마련"[파워인터뷰]. 2024. 6. 19.).

비의 물결이 거셌던 시기이기도 하다. 제국주의(중상주의) 역시도 자본주의의 심화에 따른 결과로 나타난 현상이다. 상품을 팔고, 원재료의 공급처로서 식민지 지배가 정당화되던 시기이다. 농촌의 엔클로져 운동으로 도시로 밀려난 인력은 노동자 신분으로 공장에서 노동력을 팔고 임금을 받는 임금 노동자로 신분 전환을 하게 된다. 아담 스미스의 국부론에서 지적한 대로, 인간의 이기심으로 생산성 향상을 기할 수 있다고 보았다. 합리적인 이성으로 세계는 진보하고 발전할 것이라는 믿음이 형성되던 시기이기도 하다. 국가는 시장에 개입하지 않게 방임할 것이며, 시장은 보이지 않는 손에 의해 경제 문제는 해결될 것이라고 보았다(개인주의). 경찰국가 또는 야경국가 모형은 국가는 치안과 질서유지에만 그 기능을 수행할 것을 주문하였다[94]. 이 시기에는 행정에 관한 전문적인 연구의 필요성은 크지 않았다. 그러나 1929년 미국 경제 대공황과 제1, 2차 세계대전을 경험하면서[95] 인간의 이성에 대한 믿음과 진보에 관한 낙관적인 견해는 도전을 받게 되었다. 공급은 스스로 수요를 창출할 것이라는 세이의 법칙(고전파 경제학자의 주장)에 따르면, 대량 실업 현상은 애초에 발생할 여지가 없겠지만, 당시 현실은 대규모 실업과 재고 증가에 직면하게 되었던 것이다. 유효수요의 원리를 주장하면서 수요가 공급을 창출한다는 세이의 법칙을 뒤집는 유효수요의 원리를 주장하게 된다[96]. 미국의 루즈벨트 대통령은 실업과 경제 공황 문제

---

94) 근대 사회는 표준화로 대량생산과 대량소비를 통한 효율성 제고와 확장 및 발전의 시대였다. 1970년대 경제 개발 5개년 계획과 새마을 운동은 표준화와 대량생산을 통한 눈부신 경제발전을 가능하게 한 원동력이었다. 산업화와 대도시 밀집화 현상은 규모의 경제(집적 효과)를 통한 성장의 모티브가 되었다. 그러나 획일화와 표준화는 다양성과 창의성으로 도약해야 하는 현대 사회의 발전에 걸림돌이 된다. 산업화 시대에 건축된 획일화된 아파트 단지와 구조는 양적인 성장에만 치우쳐 개성을 담은 질적인 성장에 방해 요소가 된다. 인간 자신의 모습과 개성을 중시하는 (과거의 대기업 위주에서) 소품종 다량 생산의 중견기업 모형으로 인간을 존중하는 인문과 인성 성장의 대혁신이 지속 가능한 발전을 위한 필요조건이라고 본다.

95) 피코크와 와이즈맨(Peacock & Wiseman)은 영국에서 공공지출의 증가: 1890-1955에서 정부통제의 확대를 촉진한 것은 전쟁과 사회위기라고 한다. 전쟁은 기대를 응축시키고 전쟁 후의 세계에 대한 청사진을 자극하기 때문에 정부통제 확대 경향이 있다는 것이다. 그린은 건강조건을 감안하지 않은 인구폭발로, 프라이는 산업화와 도시화 및 인구증가에 따른 사회문제의 대형화를 각각 정부 비대화의 원인으로 꼽는다. 와그너(Adolf Wager)는 경제 분야의 전문화 및 교류 증대로 인한 갈등 통제, 민간이 공급하기 어려운 방대한 자본이 드는 공기업에의 참여, 교육 및 공공의료 등 시장 거래가 어려운 사회사업의 정부지원 등이 정부의 규모를 확대하는 원인으로 보았다. 한편 영국에서는 개인자본으로 철도가 운영되기도 하였다.

96) 죠프리 프라이(Geoffrey Fry)는 비대한 정부(Growth of Governmnet)에서 1780년 이후 영국의 정부기구가 발전해온 과정을 설명하면서, 누가 자유방임(laissez-faire)을 매장했는가를 규명하고 있다. 페비안주의

를 해결하기 위하여 정부는 TVA (테네시 협곡 공사) 등을 통하여 대규모 댐 건설을 추진하게 된다. 재정정책을 적극적으로 추진하면서 소비를 진작시켜 경제의 공급을 원활하게 하기 위한 조치이다. 적극 행정과 행정국가(집단주의) 모형이 등장하게 된 시대적 배경이 된다. 경제 문제 해결 주체에 정부가 시장의 역할을 보완하고 개입하게 된 시기이다[97]. 경제학자 케인즈의 유효수요 이론과 조선시대 북학파의 박제가가 주장한 소비가 공급을 창출한다는 이론이 재정정책을 정당화하는 이론적인 배경이 되었다. 1960년대 들어서면서 경제 불평등의 문제가 심화하고, 미국의 월남전 참전 및 인종 문제의 격화 등으로 사회 복지 정책이 확대되었다. 이로써 국가의 개입 영역으로 경제문제에서 사회문제까지로 넓어지게 되었다. 정부의 확대 정책은 1970년대 두 차례의 오일쇼크를 겪으면서 도전을 겪게 된다. 원유 가격이 상승하게 되면 공급(비용) 견인 인플레이션이 발생하게 된다. 실업 문제를 해결하던 정부가 인플레이션 현상에도 적극 대응해야 하게 되었다. 비용 견인 인플레이션은 실업의 문제와 물가 상승의 문제를 동시에 가져오는 고물가 경기 침체의 문제를 초래한다. 필립스 곡선에 따라 정부가 실업 또는 물가의 정책 목표를 선택할 재량이 없어진 것을 의미한다. 또한 정부의 권한과 기구 등 비대화는 X-비효율 등 정부실패를 초래하게 된다[98]. 불가피하게 정부는 감축 경영과 민간 시장의 효율적인 장치를 정부 기구에 도

와 노동당 창당, 마샬경제학파, 케인즈경제학파, 그린(T.H.Green) 등 경제적 자유의 지적 조류가 정부의 감독과 통제증대를 부채질했다고 본다.

97) 정치를 보수(아담 스미스의 보이지 않는 손, 벤덤의 정부 침묵론, 리카도의 자유무역론은 정부의 역할을 사기를 막고 사실 확인에 한정, 밀의 자유론)와 진보로 구분하는 관점은 시장과 정부의 영역과 관계를 바라보는 관점과 연관성이 있다. 보수는 시장의 자율성을 최대한 인정하고, 진보는 정부(국가)의 적극적인 시장 개입을 선호한다. 즉 보수는 야경국가관(정치적 자유주의, 형식적 자유)에 가깝고, 진보(경제적·실질적 자유, 정치적 가치주의)는 복지국가관을 주장한다.

98) 비용과 편익의 분리, 정치인의 높은 시간 할인율, 공공서비스의 비계량성 또는 비시장성, 시장 실패에 대한 일반인의 인식과 정치 집단화 및 조직화로 일반 시민의 공공서비스를 확장하려는 요구 등이 정부실패(비시장실패)의 요인이라고 한다(Charles Wolf Junior). 공익에 앞서 사익을 추구하는 이익추구행위(rent seeking)도 포함한다. 「이번에 경동대가 팔려고 하는 옛 동우대 땅의 60.2%가 속초시로부터 '헐값'에 넘겨받은 시유지라는 점이다. 속초시는 지역에 대학을 유치해달라는 주민들의 요구로 1980년도에 시유지 18만2280㎡를 1억3050만원에 팔았다. "시로부터 헐값에 산 땅을 514억8700만원에 팔겠다는 것이다. 지성의 산실이어야 할 대학이 사리사욕에 눈이 멀어 394배가 넘는 부동산 폭리를 취하고 '먹튀'하겠다는 것"

입하게 되었다[99]. 영국의 대처수상의 민영화 정책과 미국의 클린턴 행정부의 신공공관리론(NPM) 정책 도입이 예시이다[100]. 이상의 서술에서 알 수 있듯이 국가의 정책(시장에 개입 또는 시장 자율 등)은 시대의 상황과 환경에 크게 영향을 받게 된다. 1970년대 이후 형성된 신자유주의의 흐름은 지금까지도 공공부문에 크게 영향을 미치고 있다. 최근 등장한 신공공서비스론(NPS)의 정책 처방을 보면 지나친 시장주의로 인한 공공부문의 공익성 훼손을 우려하는 것으로 보인다.

심화학습 : 신자유주의와 코즈의 정리

경제학의 시장 실패 영역에 과거에는 정부가 직접 개입하여 그 문제를 해결하였다. 공공재의 공급 또는 외부성(externality)으로 경제적 주고받기가 원활하지 못해 가격기구가 제대로 작동하지 않을 때면 정부가 보조금을 지원하거나 세금을 부과하는 정책으로 시장에 개입하였다. 복지정책과 시장 실패에 대한 정부의 개입 정책은 정부 기구와 권한의 비대화로 귀결되었다. 코즈는 시장의 가격체계로 시장 실패를 해결하고자 하였다. 거래비용이 영(zero)의 조건을 충족하고, 정부가 당사자의 사유재산권을 명확하게 정의해 준다면 시장 실패는 교정될 수 있다는 것이다. 코즈는 기업은 이윤 극대화를 위해 거래비용을 최소화한다고 본다. 외부 거래비용이 내부 거래비용보다 높다고 판단하면 기업을 설립하거나 합병하여 비용을 줄인다는 것이다. 거

이라고 비판했다.」(출처. 한겨레. 헐값에 대학 부지 사서 "미니신도시 조성"…515억에 내놓은 경동대. 2024. 6. 20.)

99) 신자유주의는 시장 및 가격체계를 국가교육, 노동조합, 합법적 특권 등의 문제에도 적용하고 있다. 개방사회(open society)가 관료제와 노동조합의 압력을 견뎌낼 수 있을 것인가의 문제이다. 공공선택론은 시장의 장점이라고 할 융통성·독창성·인간성을 정치 분야에 적용하고 있다. 그리몬드(Grimond)는 뷰케넌과 툴록(James Buchanan & Gordon Tulloch)의 정치인의 권력 극대화 가정을 비판한다. 정치인은 국민감정, 경기과열, 원칙에의 헌신 등 이기심의 추구를 제어한다는 것이다. 그리몬드는 다원론자로서 자유시장주의자들이 주장하는 보편 타당한 제도를 주장하지 않고 뒤죽박죽의 다각적인 원리와 제도를 기반으로 해야 훌륭한 사회가 형성될 수 있다고 본다.

100) 정부 주도의 산업화 시대에는 국민의 욕구(기대) 불만이 정부를 향했으나, 보수와 진보 등 정치 이념과 노선이 첨예하게 대립하는 현대 사회에서 국민은 정치권에 불만을 표출한다. 결정 권한(역할, 기능)이 커질수록 국민의 요구와 실망이 커지는 경향이 있다.

래비용의 최소화와 외부효과의 내부화(internalization)는 코즈의 정리(Coase Theorem)로 요약된다. 국가 사회를 조직하는 법과 제도가 합리적으로 설계되지 않다면 거래비용의 증가로 외부성이 내부화하지 못하게 된다(기업이 비효율적으로 규모 및 형태가 조직된다). 예를 들면 테마파크(에버랜드 등)나 고속전철 역사가 신설되면, 주변에 연관 업종이 성장하면서 긍정적인 외부효과가 발생한다. 이 경우 테마파크의 주체는 사업 영역을 확대하여 외부성을 내부화하는 전략을 선택하는데, 주변 상권이 무분별하게 난립하게 되는 경우는 테마파크의 영업에 지장을 주는 상황이 발생하기도 한다. 즉 부의 외부성을 내부화하는 것이 효율적일 것인 가의 문제에 직면하게 된다. 이 경우 독점 및 독점가격으로 인한 비효율성 또는 후생 손실을 고려해서 내부화 여부를 결정해야 한다. 해수욕장에 두 명의 아이스크림 판매상이 있다고 가정하자. 아이스크림 가게는 해수욕장 중간 지점에서 함께 판매하는 전략을 선택하게 될 것이다. 소비자의 거래비용(정보 획득 비용 및 이동 시간 등)을 최소화하는 지점이기 때문이다. A 시장이 안경점으로 유명하다거나, B 시장이 가구점으로 명성이 높다고 하는 소문이 나면, 소비자가 그 정보를 획득하는 데 드는 비용을 줄일 수 있다는 것이다. 일반적 상식으로는 같은 상품을 판매하는 업종이 모여 있으면 판매자의 이익 극대화 전략에 좋지 못할 것이라는 통념과는 상치된다. 디지털 기술의 발전으로 정보 탐색 비용은 현저하게 줄어들었다는 점을 상기해 볼 필요가 있다.

대한민국의 주민등록시스템은 국가가 소유권을 명확하게 정의하라는 코즈의 주문과 일치하는 것이다. 일본의 경우는 주민등록에 관한 국민의 불신과 저항으로 주민등록 사업이 실패한 사례가 있다. 즉 국가가 시장에 개입하는 방법과 범위 등은 그 사회의 문화와 관습에 영향을 받는다는데 유의해야 한다. 소유권의 정의와 관련한 예시를 보면, 강가에서 낚시를 하는 사람(또는 집단)이 있다고 가정해 보자. 하천의 상류 지역에 수질오염 배출시설이 자리 잡으면서 수질오염이 되어 낚시를 할 수 없는 상태라고 가정해 보자. 통상적으로 국가가 공장의 오염물질 배출을 억제하거나, 수질 개선 사업으로 환경을 보전할 것으로 생각하기 쉽다. 환경보전은 정부의 역할이라고 보기 때문이다. 코즈는 환경을 보전하기 위해 그 강물의 소유권이 누구에게 있는가를 정부가 명확하게 결정하기만 하면 된다고 보았다. 최초 낚시꾼에게 그 권한이 있다고 정부가 정의한다면, 낚시꾼은 공장주에 대하여 자신의 소유권이 침해된 사실을 주장하면서 그 침해에 대한 배상을 요구할 권리를 가진다. 반대로 공장주에게 소유권이 있다고 한다면 낚시꾼이 낚시하기 위해서는 공장주가 수질을 개선하는 데 드는 비용을 부담하게 될 것이다. 즉 소유권이 누가 가지느냐에 따라, 수질 개선(또는 오염 예방)에 투입될 비용을 부담해야 하는 의무자가 결정된다. 일반적으로 환경은 집합재 또는 공공재적 성격을 가지므로, 국가(정부)의 소유로 인정한다. 낚시로 인한 수질오염을 방지하기 위하여 낚시면허제를 도입하고 있다. 환경보전 정책은 국민의 기본권을 제한하는 사례가 많으므로 국회가 제정하는 형식적 의미의 법률로 규제 근거를 둔다.

성찰 : 항상 기뻐하라는 말씀

인간은 그 나름의 삶을 산다. 기쁨과 슬픔이 교차하기에 삶은 행복과 고난을 겪는 쉼없는 과정이다. 공자는 논어에서 배울 '학(學)'을 첫 한자로 시작한다. '학이시습지불역열호(學而時習之不亦說乎)'로. '배우고 때때로 익히면 즐겁지 아니한가?'라는 의미이다. 배우고 틈틈이 익히는 학습과정의 본질은 즐거움과 호기심이다. 또한 공부는 끝이 없다고도 한다. 공부는 즐겁고 끝없는 활동이다. 논리적으로 풀어보면, 즐거움은 끝이 없다고 할 수 있다. 인간은 마음을 중시한다. 누군가는 자신의 마음을 알아줄 것이라고 믿는다. 선한 마음을 아름다운 말과 행동으로 드러내 보여주는 것이야 말로 타인을 배려하는 자세가 아닐까 한다. 배움이 즐거움이라는 사실을 실천하고 보여주기로 하자.

제 7 장 미래예측(정책대안 개발)과 대안 선택

세상은 끝없이 변한다. 인간이 통제할 수 없는 변수들의 영향으로 미래를 예측하기란 어렵다. 과거 자료의 추세를 연구하여 미래를 예측하는 시계열 분석 기법이 있다. 역사적 변화의 흐름이 미래에도 지속할 것이라는 가정을 한다. 전쟁, 기후변화 등 돌발 변수를 반영하지 못한다. 우주는 많은 부분 암흑물질이 차지하고 있다. 암흑물질은 인간의 눈으로 보이지 않아도, 끌어당기는 중력의 역할을 한다. 스위스와 프랑스 국경에 자리잡은 유럽 입자 물리학 연구소(CERN)은 반물질을 연구하고 있다. 물질을 고속 과속기를 이용하여 속도를 가하면 반물질이 형성되는데, 반물질은 물질과 만나면 그 물질을 무(없는, Zero)로 변화시킨다. 공상과학 영화에서 볼 수 있는 물리 현상이 실험실에서 구현하는 것이다. 일체유심조라고 인간이 상상하는 대로 세상은 펼쳐지는 것일까?

1. 정책 대안 개발

대안이란 정책 문제를 해결하기 위하여 정책 목표를 달성하기 위하여 계획된(의도된 : intended) 행동 노선을 말한다. 정책 대안을 발굴하기 위해서는 현상에 대한 인과관계 지식이 필요하다. 과학과 기술 및 모형을 활용하여 자료를 체계화하여 정보를 생산 및 가공해야 한다. 과학적 연구 방법이라고 할 수 있는 역사적 접근방법 또는 비교의 방법은 대안을 발굴하는데 유용하다. 실업의 문제를 해결하기 위한 대안을 마련하기 위해서는 과거의 대공황 경험과 극복 방안을 살펴보는 것이 도움이 된다. 우리나라와 유사한 규모 및 발전 상태에 있는 다른 국가나 지역의 정책을 모방해 보는 것도 좋다. 특히 선진국의 발전 모델을 연구하여 그 시행착오를 미리 준비하고 극복한다면 선진국을 따라잡을 기회를 만들기도 한다. 디지털 기술 발전의 흐름을 타고 우리나라가 초고속통신망 등 정보통신 이용에서 선진국을 앞서게 된 것은 발전의 단계를 뛰어넘는 기회를 포착했기 때문이다. 선진국은 기존의 시스템을 변환시켜 디지털화를 진행해야 하는 데 반해, 개발도상 국가는 저항 없이 정보통신 기술을 도입하고 적용할 수 있어 상대적으로 유리한 입장이었다.

정책 대안을 개발하는 방법으로 현장에서 사용되는 브레인스토밍(brainstorming)이 있다. 브레인스토밍은 자발적·자유롭게 대안과 의견을 제안하고, 제안되는 의견에 대하여 어떠한 비판도 하지 않도록 한다. 좋고 나쁨의 가치 판단을 하지 아니하고 최대한 많은 다양한 아이디어를 끌어내도록 유도한다. 창의적인 아이디어를 끌어내고, 제안된 모든 의견과 생각들은 실행 가능성, 효과 등을 검토하고 평가를 하게 된다.

생각하기 : 다음의 문제를 풀어보자

A는 B에게 시골 마을에 있는 우물을 매각하였다. B가 우물물을 끌어 쓰자, A는 B에게 우물물값을 달라고 하였다. 우물을 판 것이지, 우물물을 판 것은 아니라고 주장하였다. 이 문제는 어떤 방법으로 해결이 가능한지 브레인스토밍해 보자.

2. 대안의 비교 평가 : 비용편익분석

비용편익분석은 정부의 정책(사업)을 평가하기 위한 기법중의 하나이다. 사업의 비용과 편익을 화폐가치로 환산한 다음에 비교한다. 편익이 비용보다 크다면 그 정책 사업은 자원배분의 효율성을 높이는 것으로 판단한다. 사회 기초시설을 설치하는 사업 또는 사회복지 정책을 시행할 것인 가의 여부를 판단할 때 주로 활용하는 기법이다. 주의할 점은 공공부문의 정책 사업은 계량하기가 쉽지 않고, 오랜 시차를 두고 그 효과가 나타나는 경우가 있어 비용편익으로 포착하기 어려운 항목이 있다는 것이다. 비용편익이 낮아도 국가 정책적으로 추진해야 하는 당위성 또는 정당성이 있는 사업도 있다는 데 유의해야 한다.

(1) 비용편익분석의 개념

비용편익분석은 정책 사업을 시행함에 따라 발생하는 비용과 편익을 비교하여 그 사업을 추진할 것인 가의 여부를 판단하는 분석기법이다. 간단한 사례를 들어보자. 1929년도 미국의 대공황 문제를 해결하기 위하여 루즈벨트 대통령은 대규모 댐 건설 사업을 기획하였다. 댐 건설에 투입되는 비용들은 인건비, 포크레인 등 장비 활용 등 건축비, 건설 관리비, 감리비 등이 있다. 또한 댐 건설에 따라 수몰되는 지역이 있다면 그 지역 주민들의 이주비, 토지보상비 등이 필요하다. 이 경우에도 마을 공동체가 사라지게 되면서 주민들이 받게 되는 고통과 소외감은 비용으로 환산하지 못한다(비계량적 요인). 댐이 건설되고 나면 수력발전 및 홍수와 가뭄 방지 등의 편익이 발생한다. 홍수방지와 가뭄 방지를 계량화하기도 쉽지 않다. 댐으로 인한 안개 등으로 인한 기후변화 현상은 비용에 포함해야 한다. 이처럼 하나의 사업을 추진하는 데 따르는 비용과 편익을 정확하게 측정하기란 매우 어렵다.

교통 문제를 해결하기 위하여 도로를 건설한다고 가정해 보자. 도로 건설에 따른 비용과 편익을 계산하기에 앞서, 도로를 대체할 전철을 건설했을 때의 기회비용도 고려해야 한다. 주민이 전철을 더 선호한다면 자원 배분을 두고 정치적인 갈등에 휩싸일 수도 있다. 비용편익분석을 통한 의사결정에 효율성을 중시할 것인가, 아니면 형평성을 포함할 것인가에 따라 비용과 편익에 포함해야 할 측정 대상과 가중치가 달라지기도 한다.

행정의 영역은 시장과 달라 시장가격으로 환산하기 어려운 분야가 존재한다. 댐 건설 사례에서 주민의 마을 공동체 해체에 따른 비용이나 생태계 및 환경 피해는 시장 가격으로 환산하기가 불가능하다. 행정은 독점적 성격이 강해, (독점시장에서의 가격은 한계비용보다 높다), 사회적 편익이나 비용을 정확하게 반영하는 가격을 도출하기 어렵다. 사회적 편익이나 비용을 제대로 반영하는 가격을 잠재가격(shadow price)이라고 하여 시장가격과 구분하고 있다.

(2) 현재가치 환산

정부가 추진하는 사업은-공공재, 규모의 경제, 외부성, 정보 비대칭(역선택, 도덕적 해이), 독점 등- 시장실패의 영역에 개입하는 것으로 대부분 장기간에 걸쳐 비용과 편익이 발생한다. 규모의 경제가 작동하는 전철, 도로, 항만, 통신, 전기, 가스 등 사회 기초시설 및 자본은 길게 늘어지는 평균 비용곡선을 가지므로 초기 투자 비용이 많이 든다는 특징이 있다. 이러한 속성으로 인해 시장에서는 제대로 생산·공급되지 못하므로 정부가 기반시설을 투자하게 된다. 사회 기반시설은 한번 만들게 되면 오랜 기간 사용하게 되므로, 그 시설을 투자하는 재원을 마련하는 데 국공채를 발행하기도 한다. 시설을 이용할 미래세대에도 비용을 분담하게 하여 자원 배분의 효율성을 달성하려는 것이다. 시설에서 제공하는 서비스의 사용 연한에 따라 편익이 발생하는데, 이러한 편익을 현재가치로 환산해서 비용과 비교·분석해야 한다. 현재의 10원은 1년 후의 가치는 10/(1+r): r=이자율, 이 된다. 비용과 편익을 각각 현재가치로 환산하여 비교·분석한다.

(3) 비용편익분석과 정책 결정

비용편익분석의 정책 결정방법으로는 순 편익 방법, 비용편익 비율 방법, 내부수익률 방법 등이 있다. 순 편익은 편익에서 비용을 공제하는 것이다. 편익이 비용보다 크면 양(+)의 값을 가진다. 비용편익 비율 방법은 편익을 비용으로 나눈 값이다. 그 비율이 1보다 크다면 그 정책사업은 사회 후생을 증가시키므로 실행할 대상 후보가 된다. 내부수익률 방법은 사업의 현재가치를 영(0)으로 만드는 할인율을 말한다. 올해 10원을 투입하여 내년에 11원의 편익이 발생하는 사업의 내부수익률은 다음과 같다.

$[11/(1+\rho)]-10=0$ ρ=내부수익률, 내부수익률이 사회적 할인율보다 높다면 그 사업은 사회 후생을 증가시키는 것으로 판단된다.

(4) 비용과 편익 측정의 어려움

제주도민은 육지와 제주도를 연결하는 해저터널 기차를 반대한다고 한다. 육지와 기차로 연결되면 폭풍우로 항공이 마비되면 교통이 두절되는 불안함을 덜고 좋지 않을까 싶은데도, 제주의 관광 수입이 줄어들 것이라는 우려가 있다는 것이다. 육지와의 교통이 편리해지면 육지인이 제주에 머물지 않고 당일치기 여행으로 떠날 것이라는 판단을 하는 것이다. 비슷한 사례가 고속철도 건설 과정에서도 나타났다. 고속철도 건설로 전국이 일일생활권으로 묶이게 되면 서울과 수도권으로의 집중 현상이 심화할 것이라고 보았다.

고속철도가 건설되면서 여행시간을 절약하게 되었고, 기업은 제품을 더 빠르고 효율적으로 공급할 수 있게 되었다. 고속도로의 교통 체증도 여행객의 분산으로 완화되었다. 이러한 편익은 국민의 후생을 높여 편익을 증가하게 된다. 고속전철 건설에 투입된 비용은 투입 요소 비용으로 화폐적 가치를 나타낸다. 투입비용은 경제학의 기회비용 관점에서 파악해야 한다. 즉 고속철도 건설에 투입하지 않고 다른 부문에 투입하여 사회 후생을 높일 수 있다는 것을 유의해야 한다. 고속전철이 지나면서 소음 등 주변 거주민의 피해가 있다면 이 또한 비용에 포함된다. 비용과 편익을 비교·분석하여 사업의 타당성을 평가한다.

사회 후생에는 영향을 주지 않아 실물적이지 않아 비용편익분석의 대상에서 제외해야 하는 금전적인(pecuniary) 편익과 비용도 발생한다는 점을 주의해야 한다. 금전적인 편익과 비용은 상대가격의 변화로 발생한다. 예를 들어 고속전철 역사가 건설되면서 역사 주변의 상가 임대료가 인상된 경우, 그 상가의 소유주는 이득을 보는 데 반해, 건물을 임차해서 영업하고 있는 상인은 높은 임대료를 지불해야 하는 소득 감소로 손해를 보게 된다. 즉 한쪽에서는 이익이 발생하고, 다른 한쪽에서는 손해가 발생하는 경우 그 편익과 비용은 금전적인 것(실물적인 것이 아니라)으로서 사회 후생에는 영향을 주지 아니하므로 비용편익분석 대상에서 제외하여야 한다는 것이다.

현실적으로는 금전적인 손해(실물적인 것이 아니라) 때문에 정부의 정책이 좌절되기도 한다. 쓰레기 매립장 또는 소각장을 건설하는 정책을 추진하는 경우, 영향지역 주변 지역 주민의 반대로 정책 추진에 어려움을 겪기도 한다. 환경기초시설이 건설·운영되면 건물과 토지의 가격이 하락(금전적인 손해)으로 손해를 보기 때문에 정책에 반대하기도 한다. 국가는 주변 지역 지원에 관한 법률을 제정하여 손해를 일부 보전해 주는 정책을 시행함으로써 반대를 완화하고 정책사업을 추진하고 있다.

편익과 비용은 직접적인 것과 간접적인 것으로 구분할 수 있다. 또한 비용과 편익을 시장

가격으로 측정할 수 있는 유형적(tangible)인 것과 측정할 수 없는 무형적(intangible)으로 구분한다. 정부의 활동(정책) 결과는 계량하기 쉽지 않다는 것은 무형적인 요소 또는 질적인 요소가 포함된다는 것을 뜻한다. 즉 비용과 편익을 측정하는 경우 시장가격에만 의존해서는 아니 된다. 현실의 시장은 독점 시장도 존재하는 데 독점 가격은 독점 기업이 시장에서 가격을 설정하는 권한을 가지는 상태에서의 균형가격이므로 그 시장가격이 사회적 편익이나 비용을 반영하고 있지 아니하기 때문이다. 완전경쟁시장의 균형(시장)가격은 자원배분의 효율성을 가져오는 잠재가격(shadow price: 사회적 효율성 달성 가격)과 일치한다. 독점시장에서의 시장가격은 잠재가격보다 높을 것이므로, 독점기업의 제품 가격보다 낮은 가격이 잠재가격이 된다. 실업이 존재하는 경우에도 노동의 잠재가격은 0보다는 높을 것이다(잠재가격). 조세 부과액은 민간에서 정부로 금전을 이전하는 데 그치므로 금전적 비용(민간 손해, 정부 이익)이므로, 비용편익 분석 대상에 포함되지 아니한다.

보론 : 공공 서비스의 비계량적 속성과 정부실패

울프(Wolf)는 국가나 정부가 제공하는 공공 서비스(산출)는 세입(투입)과 연관이 없고, 정치인의 높은 가격할인율, 그리고 공공 서비스를 계량하기 쉽지 않다는 이유로 정부 실패가 발생한다고 보았다. 성과와 목표 달성을 중시하는 행정 이론이 발달하면서 정부의 산출물을 측정 가능한 척도로 환산하려는 움직임이 거세다. 박물관의 성과를 측정 및 비교하면서 한 해 이용자 수를 제시한다든지, 공원의 이용객 수를 기준으로 비교·평가하는 것이 그 예이다. 공공 서비스의 측정이 쉽지 않다는 것은 공공재는 민간재와 달리 가치를 추구하는 것이기 때문이다. 따라서 공공의 산출물에 대하여 가치와 선호에 따라 평가가 달라진다. 박물관의 기능이 이용자에게 보여주는 것으로 한정되는 것은 아니다. 소중한 문화유산을 잘 보전하고 계승하는 기능도 박물관의 중요한 책무이다. 성과 평가를 위하여 억지로 숫자와 척도로 측정하는 관행에 대하여 재고해 봐야 할 시점이다. 우주의 암흑물질이 많은 부분을 차지하고 있다고 한다. 프랑스와 스위스 국경에 위치한 유럽입자물리연구소(CERN_은 반물질을 연구하는 연구소로 유명하다. 눈으로 보이는 것만이 다가 아닌 세상이다. 의식으로도 알기 어려운 무의식의 세계에 연구의 관심이 집중하고 있는 것도 이러한 맥락에서 이해된다.

이해하기 : 말의 소중함과 자기충족적 예언

뱉어낸 말은 다시 주워 담지 못한다. 잡지도 보이지도 않는 말은 오직 순간 청각을 자극하고 사라져 버린다고 오해한다. 그런 생각 때문인지 말로 쉽게 표현하는 경향이 있다. 하버드 대학의 로버트 로젠탈(Robert Rosenthal) 교수의 연구결과에 따르면, 학생의 성장과 발전은 그 학생의 지능 지수가 아니라 선생님의 학생에 대한 긍정적인 칭찬과 기대 및 학생의 부응 효과 때문이다. 로젠탈 효과 또는 피그말리온 효과라고도 하는데, 심리학의 자기충족적 예언(self-fulfilling prophecy)의 사례이다. 세상은 마음먹기에 달렸다는 일체유심조(一切唯心造) 사상과도 일맥상통하는 것이다. 포스트모더니즘 시대에 연구 방법으로 등장한 현상학과 해석학도 인간의 주관적 의미를 중시한다[101]. 인간은 소중하며, 다가오는 미래에도 잘 적응하고 성장할 것이라는 믿음으로 생각하고 믿고 행동하여 습관을 형성한다면 그 사람의 미래는 그렇게 전개될 것이다[102]. 잠자리에 들기 전 오늘 하루 수고한 자신에게 톡톡 가볍게 격려하며 수고했다고 위로해 주자.

---

101) 현상학과 해석학은 가치와 사실을 분리하고, 관찰·측정 가능한 사실의 영역을 실증적인 방법(실험·비교 등)을 추구하던 논리실증주의를 극복하고 등장한 현대 과학의 경향이다.

102) 경제학의 기대이론 및 인간의 행동을 연구하는 분야에서 자기충족적 예언과 일치하는 결과를 낳는 사례가 많다.

제 8장 입법 원칙과 정책

행정은 합법성, 능률성, 효과성, 생산성, 민주성, 대응성 등 이념을 지향한다. 법치행정은 국민을 대표하는 의회가 제정한 형식적인 의미의 법률에 따라 행정이 집행되어야 한다는 것이다. 법치주의는 행정의 법률 우위의 원칙과 법률유보의 원칙을 근간으로 한다. 행정은 법률에 위반하지 않아야 하며, 국민의 기본권을 제한할 때는 법률의 근거가 있어야 한다(침해유보설). 현대 복지국가는 인간다운 생활을 영위할 국가의 책무가 있다(사회복지유보설). 국민이 직접 선출한 국민 대표(국회의원)가 국민을 대표하여 만든 법률(정책)에 따라 집행부(행정)는 공공서비스를 국민에게 제공한다. 정치적 민주주의와 국민의 자기지배(self-control)의 이념을 실현하는 것이다.

1. 정책과 제도

인간이 만든 제도는 사람을 만든다. 프랑스 건축법 제1조는 사람이 건축을 하지만, 건축(공간)물은 인간을 만든다고 규정한다. 인간이 세상을 만들지만, 그 세상의 굴레에서 사람은 벗어나지 못한다. 후설의 현상학과 그의 제자 하이데거의 실존주의의 논쟁과 유사하다. 사회 과학의 연구대상인 사회 현상을 그 구성원(인간)을 연구할 것인가 아니면 인간의 행태를 규율하는 제도를 연구할 것인가의 논의는 평행선을 달린다. 인간의 행동과 태도는 제도가 녹아져 있는 것이며, 인간은 제도의 영향을 받으면서 동시에 제도를 수정·보완하는 주체성을 가진다. 개별 사람의 심리와 행동의 변동성 때문에 사회 과학자는 제도를 연구해 왔다. 제도주의는 구제도주의와 신제도주의로 구분한다. 구제도주의는 법·제도 등 문서(성문)화된 공식 규범을 중시한다. 헌법·법률·명령·조례·규칙 및 각종 정부의 훈령과 내규 등을 분석하여 행정 서비스의 종류와 유형 등을 도출한다. 신제도주의는 인간의 행동을 규율하는 규범이 비공식적 관습, 문화, 역사적 맥락과 조건 등 인간의 행동을 규율하는 공식적 규범 이외의 요인도 연구의 대상으로 한다. 구제도주의가 정태적이라면, 신제도주의는 동태적이다. 신제도주의에는 규범적(사회학적) 신제도주의, 합리적선택 신제도주의, 역사적 신제도주의 관점이 있다. 규범적 신제도주의는 인간의 행위를 조직 내의 규범과 가치로 설명한다. 제도를 공식적 구조에 한정하지 않고, 규범, 규칙, 이해(understanding)[103], 관습, 관행 등의 포함한다. 제도가 형성되면, 제도를 운영하는 관행이 탄생한다. 관행은 제도를 운영하는 사람의 거래 또는 의사결정비용을 최소화한다.

합리적 선택 신제도주의는 인간 행위를 제도의 규칙 내에서 이기심(효용의 극대화 등 최적화 전략)을 극대화하는 전략으로 설명한다. 정치인의 정보와 결정에 제도와 규칙이 미치는 영향에 주목한다[104]. 제도는 인간의 행위를 규율하는 제도적 맥락이

103) 학습과정에서 이해는 배움의 출발이 된다. 상대방을 존중하고 자신을 낮춰 아래에 두는 태도는 인간과 자연환경의 변화를 담는 그릇으로 역할한다.

104) 시장실패 문제에 대응하는 방법으로 오스트롬은 제3의 길을 제안한다. 정부의 개입 또는 민영화 등 시장주의 정책 대신 민간자치조직을 통한 인간 행동 규제 및 시장실패 문제를 해결한다.

며, 선택은 개인의 선호와 선택에 따라 결정한다. 역사적 신제도주의는 정책 산출(결과)에 역사적 성격을 중시한다. 한 번 결정한 정책은 경로의존성을 가져 다음 정책에도 영향을 준다. 한 번 결정된 정책은 변화하지 않고 유지하려는 속성을 가진다. 합리적 선택이론 보다 더 제도의 역할을 강조한다. 제도가 인간의 합리적 선택 및 목표형성에도 영향을 준다고 본다. 경로의존성은 선택이나 결정이 지속적으로 영향을 미쳐 경로의 패턴(patterned path dependency)을 형성한다. 한 번 형성된 경로는 새롭고 효율적인 다른 대안(경로)을 제안하지 못하게 만든다.

> 국회법 개정 사례 소개 : 소위 국회선진화법 개정으로 신속처리안건지정, 무제한토론 등 새로운 국회운영제도(정책)이 도입되었다(국회법 제85조의2 및 제106조의2 참조). 무제한토론은 재적의원 3분의 1 이상이 서명한 요구서를 의장에게 제출하면 된다. 무제한토론의 종결은 토론을 하지 아니하고 표결하는데, 재적의원 5분의 3 이상의 찬성으로 한다. 무제한토론 제도(정책)을 국회법에 도입하면서 다수당이 재적의원 5분의 3이상의 의석수 확보를 예상하지 못했다. 무제한토론 제도(정책)이 도입되면 소수자를 존중할 것으로 기대했다. 예상과 달리 다수당이 재적의원 5분의 3이상의 의석을 확보하고 있다.

국민의 권리를 제한하거나 의무를 부과하는 정책은 법률의 형식을 갖춰야 한다(헌법 제37조 제2항 참조). 국민의 대표기관인 입법부(국회)가 그 전속적 권한으로 법률을 만들 수 있다. 국민을 대표하는 입법부만이 국민의 권리를 제한하거나 의무를 부과하는 내용의 법률을 제정할 수 있도록 함으로써 국민의 자기 지배(self-control)를 실현한다. 의무를 부과하는 대표적인 사례로 소득세, 법인세, 부가가치세 등 각종 조세 관련 법률이 있다. 납세의무, 국방 의무, 교육 의무, 근로 의무 등을 국민의 4대 의무라고 하고, 헌법에 근거를 두고 법률로 규정한다(헌법 제38조 및 제39조 등 참조). 권리를 제한하거나 의무를 부과하는 등 국민에게 불이익한 처분(정책)을 규정할 때는 법률의 근거가 있어야 한다는 행정법상의 이론을 침해유보설이라고 한다. 침해유보설에 따르면 국민을 지원하거나 사회보장을 내용으로 하는 정책(행정 처분)은 법률로 규정하지 않아도 된다고 보았다. 현대 복지국가 시대는 복지행정에서도 공정성과 형평성을 확보할 필요성이 증가하면서 국민에게 제공하는 복지 수준과 내용도 의회의 법률 또는 정당성을 확보할 필요성이 높아지게 되었다. 사회유보설이 등장한 시대적인 배경이 된 것이다. 사회 유보설이란 사회복지 정책으로 국민을 지원해 줄 때도 법률의 근거가 있어야 한다는 것이다. 국민의 권리와 의무를 침해하는 정책이 아니지만 국가가 국민을 형평성 있게 응대해야 한다는 시대적 과제에 따른 것이다. 정책을 담는 그릇으로서의 법률은 원칙적으로 일반적·추상적이어야 한다. 입법자가 만드는 법률(정책)은 형식 면에서 정당성의 원칙, 보충성의 원칙, 적합성의 원칙 및 포괄 위임 금지의 원칙이 있다. 법률(정책)의 내용은 기본권 등 인권을 존중하여야 하고, 평등의 원칙, 과잉 금지의 원칙, 신뢰 보호의 원칙, 명확성의 원칙 등을 지켜야 한다.

> 법률은 국회(입법부)가 제정하는 법형식이다. 법률이 일반적·추상적이라는 의미는, 모든 사람과 모든 사건에 공통적으로 적용한다는 것이다. 개별적인 사람과 사건에만 적용하는 법률을 제정하려면 특별법의 형식으로 한다. 정부(집행부)가 집행하면서 개별·구체화한다. 법률, 명령(시행령, 시행규칙), 조례, 규칙, 예규 및 훈령 등 순으로 일반성에서 구체화된 정책 내용을 담는다.

입법자가 특히 준수해야 할 입법원칙이란 법을 정의(공익)에 맞게 합리적으로 만드는 법의 정당성을 확보할 기준이다. 입법원칙을 제대로 반영하는 입법이란 입법자가 사물의 본성(본질)에 내재하는 법, 자연법을 발견하는 것이다[105].

헌법재판소는 "헌법 제37조 제2항은 국민의 모든 자유와 권리는 국가안전 보장, 질서 유지 또는 공공 복리를 위하여 필요한 경우에 한하여 법률로써 제한할 수 있으며, 제한하는 경우에도 자유와 권리의 본질적인 내용을 침해할 수 없다고 규정하여 국가가 국민의 기본권을 제한하는 내용의 입법을 하면서 준수하여야 할 기본원칙을 천명하고 있다."고 하여 입법에 있어서 원칙이 존재함을 인정하고, 입법 원칙을 법률의 합헌성 심사의 척도로 한다. 입법 작용에서 입법자에게 입법 형성의 자유를 인정한다. 그러나 입법자는 사물의 본성 등의 초 실정법적(입법의 내재적 한계) 법 원리에 위배하지 않아야 한다. 입법(정책)의 원칙이 무엇이냐에 관해서는 시대와 입장에 따라 다양한 견해가 있다. 입법 작용으로 담을 수 있는 법(정책)의 내용이 어떠해야 하는 지를 살펴보자.

---

105) 인간이 만든 실정법이 진리(플라톤의 이데아)를 온전하게 반영하기란 쉽지 않다. 인간의 불완전성(인식의 한계 등) 때문이다. 법실증주의는 인간이 제정·경험 가능한 실정법을 법이라고 한다. 인간이 알 수 없고, 경험할 수 없는 도덕과 정의, 가치 등을 법의 연구대상에서 제외한다.

2. 입법(정책) 원칙

(1) 적합성의 원칙

적합성(relevance)의 원칙이란 법규범(정책)은 규율하고자 하는 사회현상, 사실관계 등을 정확하게 반영하여야 한다는 것이다. 법규범이 타당성을 지니기 위해서는 규율 대상인 사회의 현실과 입법 사안을 정확히 반영하여야 한다. 몽테스키외(Montesquieu)는 '법의 정신' 에서 "가장 보편적인 의미에서 볼 때 법이란 사물의 본성에서 유래하는 필연적인 관계를 말한다."라고 한다. 사회현실을 정확하게 반영하기 위해서는 입법과 관련한 각종 통계 및 실태를 지속적으로 수집하고 분석해야 한다[106]. 사회현실은 인간 개인 및 타인과의 관계, 즉 가족제도, 지역사회, 민족 구성, 경제관계, 근로조건, 기술의 발달 등 다양한 변수와 조건들로 영향을 주고받는다. 입법자가 고려하는 사실은 선험적인 사실과 경험적인 사실로 구분이 가능하다. 경험적 사실은 가치관, 전통, 사회제도 등이다. 사물의 본성이라는 것은 법규범의 입법목적과 함께 법률의 내용을 결정한다.

(2) 보충성(자율성)의 원칙

보충성의 원리란 "개인이 자신의 주도하에 그리고 자신의 힘으로 할 수 있는 일을 개인에게서 박탈하여 공동체의 활동으로 삼아서는 안 된다"는 것이다. 보충성의 원리는 국가와 사회(시장) 사이의 과제를 분배하는 기준으로도 유효하다. 국가와 사회의 역할 분담에 있어서 국가는 사회세력의 자율적인 기능이 전혀 존재치 않거나 아니면 충분한 기능을 담당하고 있지 못할 경우에 있어서, 국가가 사회에 개입하여야 한다는 것이다. 즉 시장실패의 영역에 대하여 정부가 제한적으로 개입하여야 한다. 시장에 대한 정부 개입의 최소화는 자유주의에 바탕을 둔다. 자유주의는 보수주의와 대조되며, 계몽주의 시대의 인간이성주의, 합리주의, 인간의 자유의지, 권력분립(로크, 몽테스키외)과 의회민주주의 및 자치(self-control) 등과 연계된다. 모든 인간은

---

106) 진리는 존재하는가는 철학의 근본 질문의 하나이다. 플라톤의 이데아철학은 그의 제자 아리스토텔레스의 경험론과 대비된다. 과학연구방법으로 연역법과 귀납법이 있다.

존엄하고 행복을 추구할 권리를 가지며, 불가침한 인권을 가진다(헌법 제10조 참조)[107]. 아담 스미스(A. Smith)의 보이지 않는 손, 밀의 자유론(J.S.Mill), 하이에크의 노예의 길(F.A.Hayek) 등은 개인의 자유는 복지·사회국가에서 위협받게 된다고 경고한다. 개인이 국가의 복지 정책에 의존할수록 국가(정책)이 자유를 제약한다.

정치적 자유권은 국가의 개입을 최소화하는 소극적인 개념인데 반해, 경제적 자유권은 인간이 최소한의 삶을 영위할 수 있도록 정부가 개입하여 보장하는 적극적인 개념이다. 사회(경제)적 자유주의 관점은 적극적 우대 조치, 높은 누진세제, 실업수당, 주택 및 의료서비스 제공 등 적극적인 복지 정책을 주장한다. 1970년 대 오일쇼크 이후 등장한 정부실패 관점과 신자유주의는 공공서비스를 민영화, 민간위탁 등 시장 주체가 효율성을 확보하는 정책(제도)를 제안한다(사바스 등).

(3) 체계 · 정당성의 원칙

체계 정당성 또는 체계 적합성이란 법규범(정책) 상호 간에는 규범 구조나 규범 내용 면에서 서로 상치 내지 모순되어서는 아니 된다는 원칙이다.

예를 들어 보조금을 받을 수 있는 법적 요건에 해당하지 않음에도 불구하고 보조금을 수령한 경우 형법에서는 최고 3년 형의 자유형에 처할 수 있도록 하는 반면, 육아보조금 법에서는 벌금만 처할 수 있도록 규정한다면, 같은 행위에 대하여 적용되는 법률에 따라서 법적 결과에 커다란 차이가 발생하고, 결과정합성에 위반하게 된다.

특별법이 많은 우리나라는 법체계에서 법령 간 모순·저촉이 발생할 가능성이 크며, 법령 간 모순·저촉을 방치하면 법체계와 법질서의 혼란을 초래한다. 법률을 새로 입법을 하는 경우에 기존의 법체계에 부합하도록 주의하여야 한다.

(4) 포괄 위임입법 금지의 원칙

행정입법 또는 위임입법이란 의회로부터 입법권을 위임받은 행정부가 그 위임에 근거하거나(위임명령) 법률의 집행을 위하여 정립하는 법규범(집행명령)을 의미한다. 현대 행정국가 행정의 전문성 및 복잡성으로 위임입법이 필요하다. 헌법이 국회의 전속적 입법사항으로 규정하고 있는 사항과 벌칙 규정에 대해서는 하위법령에 위임할 수 없다. 우선 헌법 제2조 제1항에 규정되어 있는 국적취득의 요건, 제59조에 규정되어 있는 조세의 종목과

---

107) 니체는 신은 죽었다고 하면서 중세 시대의 신에 예속된 인간 모습을 탈피하고자 하였다. 모든 인간은 그 이성과 자유의지를 가진다.

세율, 제117조 제2항에 규정되어 있는 지방자치단체의 종류 등은 헌법이 직접 법률로 정하도록 규정하고 있는 사항(법률주의)이기 때문에 법률에 이를 정하지 않고 하위법령에 위임하지 못한다.

법률에 따라 위임된 입법권의 전부 또는 일부를 다시 위임하는 재위임도 문제이다. 헌법에는 이에 관한 규정이 없으나 해석상 전면적 재위임은 입법권을 위임한 법률 그 자체의 내용을 권한 없이 변경하는 결과를 가져오므로 허용될 수 없으며, 세부적인 사항의 보충을 위임하는 것은 가능하다는 것이 지배적인 견해이다. 포괄적 위임입법 및 행정입법 전반을 사후적으로 통제하기 위해서는 헌법재판소의 위헌법률심판 제도(사법적 통제)가 있으며, 포괄적 위임입법의 발생을 사전적으로 통제하기 위한 행정입법의 국회 제출 제도(입법적 통제, 국회법 제98조의2 참조)가 있다.

(5) 기본권(인권) 존중의 원칙

법률은 원칙적으로 기본권을 구체적으로 보장하기 위한 규범체계이며, 불가피하게 기본권을 제한하는 경우에 헌법 제37조 제2항에 따라 "국민의 모든 자유와 권리는 국가안전보장·질서유지 또는 공공 복리를 위하여 필요한 때에만 법률로써 제한할 수 있으며, 제한할 때에도 자유와 권리의 본질적인 내용을 침해할 수 없다." 기본권을 제한할 때에도 과잉 금지의 원칙에 벗어나지 않도록 기본권을 최대한 존중하고 보장하는 범위에서 제한할 수 있다.

입법(정책)은 인간이 홀로이 존재하지 아니하고 상호작용을 하는 사회 속에서 서로의 자유와 권리가 충돌하는 경우에 이를 규제할 법규범(규제 정책)이 필요하게 된다. 입법자는 법률(상위 정책)이 헌법에 합치하도록 입법하여야 한다. 공화국 형태, 민주적기본질서, 권력분립과 같은 우리나라 헌법상의 기본원리, 기본 질서, 기본제도 등에 위반하는 입법을 하면 아니 되며, 절차적으로는 헌법이 정하고 있는 입법 절차에 위반하는 입법을 하면 아니 된다.

(6) 평등(형평성)의 원칙

평등의 원칙은 국가가 입법하거나 법을 해석 및 집행하면서 따라야 할 기준임과 동시에 국가에 대하여 합리적 이유 없이 불평등한 대우를 하지 말 것과 평등한 대우를 요구할 수 있는 모든 국민의 권리로서 국민의 기본권이다.

헌법 제11조 제1항은 법 앞의 평등을 규정하고 있는데, 이는 입법, 행정, 사법의 모든 국가기관을 구속한다. 평등의 원칙은 민주주의적 헌법의 내용을 규제하는 초 실정법적 원칙을 의미하기 때문에 법적용에서 평등(법 적용 평등설)만이 아닌 법 내용에서 평등(법 내용 평등설)까지도 요구하며 입법기관을 포함한 모든 국가기관을 구속한다. 헌법재판소는 "우리 헌법이 선언하고 있는 "인간의 존엄성"과 "법 앞에 평등"은 행정부나 사법부에 의한 법 적용상의 평등만을 의미하는 것이 아니고, 입법권자에게 정의와 형평의 원칙에 합당하게 합헌적으로 법률을 제정하도록 하는 것을 명하는 법 내용상의 평등을 의미하기 때문에 그 입법 내용이 정의와 형평에 반하거나 자의적이면 평등권 등의 기본권을 본질적으로 침해한 입법권의 행사로서 위헌성을 면하기 어렵다"고 한다.

입법에 있어서 유형화와 관련하여 최근 문제 된 것이 「재난 및 안전관리 기본법」에 의한 특별재난지역의 선정 및 지원이다. 특별재난지역으로 선정되느냐의 여부는 특별재난지역으로 선포되는 경우 해당 시군은 일반재해지역보다 국고 지원금을 더 받게 되며 피해 주민들은 특별위로금이나 복구 지원금을 배 이상 받게 되는 등 특별위로금이나 지원금 등의 액수에서 많은 차이가 나므로 해당 국민들의 생활이나 생존에 극히 민감한 사안이 되기 때문에 이는 소홀히 다룰 수가 없는 사안이다. 특별재난지역이냐 아니냐로만 입법하지 않고, 특별재난지역을 여러 단계화하여 지원액에 차등을 둔다면 피해액의 과다 산정과 관련한 시비를 어느 정도 방지할 수 있을 것이고 지원금의 단계화를 통한 합리적인 지원이 가능할 것이다.

(7) 과잉 금지의 원칙

과잉 금지의 원칙은 18세기 후반에 자유주의 국가사상에 의하여 그 싹을 틔운 이래, 19세기 후반에는 경찰법의 분야에서 행정처분은 그 목적하는 바를 달성하기 위하여 통상 허용되는 범위를 넘어서는 안 된다는 원칙이 확립됨으로써 시작했다. 현대국가에 있어서 과잉 금지의 원칙은 경찰법 영역에서만 적용되지 않고 일반행정법 상의 기본원칙으로서의 위치를 점하게 된다. 비례 원칙은 이후로 이차대전 이후에 이르기까지 법원의 판결과 법률 문헌에서 등장하게 되었으며, 입법자를 구속하는 원칙으로서의 위치를 점하게 된 결과 1953년의 행정 집행법에 명시적으로 규정되었고, 오늘날에는 행정법, 헌법 그리고 형법, 형법소송법 등을 포함하는 공법상의 기본원칙으로서 확고히 자리를 잡았다. 그리하여 비례 원칙은 모든 국가 작용을 포괄하여 규율하는 지도 원리이며, 입법·행정·사법 작용을 비롯한 모든 국가작용의 권한 행사에 과잉 금지의 원칙은 적용되고 있다.

과잉 금지의 원칙은 입법권의 한계를 포함하여 국가작용의 한계를 명시하는 것인데 목적의 정당성(목적 필요성), 방법의 적정성(수단 정당성), 피해의 최소성, 법익의 균형성(협의의 비례원칙)을 의미하며 그 어느 하나에라도 저촉되면 위헌이 된다는 헌법상의 원칙이며, 우리 헌법 제37조 제2항은 입법권의 한계로서의 과잉 금지의 원칙을 도출할 수 있는 규정으로 인정되고 있다.

(8) 과소 금지의 원칙(minimum requirement), 최소 보장의 원칙

입법자는 기본권 보호 의무의 입법을 통하여 구체화하면서 원칙적으로 형성의 자유를 지닌다. 그러나 입법자의 형성 자유는 무제한 한 것이 아니고 기본권 보호를 위한 최소한의 요구는 충족해야 한다. 규제와 처벌은 그 목적을 달성하는 최소한으로 규정하여야 한다. 국가는 국민이 기초생활을 보장해야 한다. 자본주의 경제체제에서 빈부의 격차는 태생적으로 발생한다. 헌법이 보장하는 인간의 존엄성과 행복추구권을 실질적으로 보장하기 위한 최소한의 경제적인 생활을 유지할 수 있어야 한다(헌법 제34조 참조). 정치적 기본(자유)권은 최대한 보장하여야 하며, 그 규제와 처벌은 최소한으로 규정해야 한다. 국가의 개입이 없는 자연적 자유를 보장한다. 경제적 기본(인간다운 생활 보장)권은 인간다운 삶을 영위할 수 있도록 국가가 보장하여야 하며, 인간다운 생활을 보장하는 국가의 정책은 국민이 국가에게 적극적으로 요구할 수 있는 권리이다. 국가에의 자유이다. 즉 국가의 적극 개입으로 보장하는 기본권이다.

(9) 신뢰 보호의 원칙(소급입법 금지의 원칙) : 사회자본(social capital)과 죄수의 딜레마

신뢰 보호의 원칙은 입법에 있어서는 소급입법 금지의 원칙이다. 개인은 자신의 행위 및 결정의 기준으로 작용했던 일정한 법 상태의 존속에 대한 신뢰가 보호되기를 요구(기득권 존중의 원칙, 현상 유지의 원칙: 기존의 인허가를 존중해 달라는 요구)하는 반면, 입법자는 공익의 실현을 목적으로 수시로 변화하는 사회 상황에 적절히 적응할 수 있도록 법질서의 유동성에 의존하지 않을 수 없기 때문에 기존의 법질서에 대한 신뢰를 보호할 수 없는 경우가 발생하는 것이다. 환경을 보호하기 위하여 폐기물처리시설 또는 배출시설(공장)의 등록 또는 허가 기준을 상향하는 입법을 하는 경우, 기존의 법에 따라 등록 또는 허가를 받아 영업하는 영업장은 새로운 강화된 규제를 새로 받아야 하는 가의 문제가 있다. 입법적으로는 경과규정을 통해 일정한 기간에 내에 강화된 기준을 맞추도록 강제하기도 한다. 신뢰 보호의 원칙을 엄격하게 적용한다면 과거에 받은 허가는 인정해야 한다는 것이다.

폐기물관리법[시행 1999. 8. 9.] [법률 제5865호, 1999. 2. 8., 일부개정]개정안은 보건복지부 소관이던 적출물 등 감염성 폐기물의 처리를 환경부로 이관하는 것을 주요내용을 한다. 개정안의 부칙 제5조에서 폐기물처리업허가에 관한 경과조치를 규정하면서 종전의 규정에 의하여 폐기물재생처리업 허가를 받은 자는 법률안이 정하는 일정기간 내에 제26조제3항의 개정규정에 의한 폐기물중간처리업의 허가를 받도록 규정하였다. 개정된 법률에 따른 기준에 맞춰 새로 허가를 받도록 하는 정책을 담은 개정안과 같이 법이 통과된다면, 기존의 폐기물재생처리업자는 신뢰보호를 받지 못하게 된다. 이에 국회(법제사법위원회)에서 신뢰보호의 원칙 등 입법원칙을 고려하여 기존의 폐기물처리업자의 이익을 존중하는 내용(정책)을 채택하여 폐기물관리법을 통과시켰다 (이 법 시행 당시 종전의 규정에 의하여 폐기물재생처리업 허가를 받은 자는 제26조제3항의 개정규정에 의한 폐기물중간처리업의 허가를 받은 것으로 본다. 폐기물관리법 법률 제5865호 부칙 제5조 참조)[108].

이처럼 입법하려는 내용에는 기존의 질서나 제도, 구체적으로는 기존에 보호받던 권리를 제한 또는 박탈하거나 새로운 의무를 부과하는 사례가 많다. 입법과정에 기존의 법체계하에서 법에 따라 보호받던 일정한 권리와 이익을 부당하게 제한하거나 침해하지 않도록 주의하여야 한다. 즉, 입법권의 행사는 신뢰보호의 원칙에 위배되어서는 아니 된다[109].

108) 국회노동환경위원회 입법조사관으로서 경험한 기억에 따라 표현한 것이다. 기억의 오류가 있을 수도 있다는 점을 유의해서 참고만 해주기 바란다.

109) 신뢰보호의 원칙은 역사적 신제도주의자의 경로의존성의 문제를 야기한다. 한 번 제정된 정책은 이후의 정책에 지속적으로 영향을 준다. 금반언의 원칙 또는 선례구속의 원칙으로 교육 행정에서 흔히 볼 수 있다. 특정 학교를 대상으로 한 처분(행정행위) 내용과 다른 정책을 시행하기가 매우 어렵다. 학교는 평등하게 대우해 줄 것을 기대한다. 행정이 선례에 지나치게 구속되면, 변화하는 환경에 유연하게 대응하지 못해 복지부동행정이란 오명을 입게 된다. 공직에서 혁신과 변화를 찾기 힘든 것은, 정책 변화는 행정감사와 징계의 원인이 되는 경우가 많기 때문이다. 설거지를 하다가 그릇을 깨는 공무원은 적극적으로 면책해주는 문화가 형성되어야 한다.

(10) 명확성의 원칙

법규범은 구성요건과 그 법적 효과에 관하여 규정하여야 하는데 이는 수범자(법의 적용을 받는 사람)가 이해할 수 있어야 하며 행정기관과 법원에 의하여 자의적(arbitrary)으로 해석·집행되지 않도록 명확해야 한다. 어떤 행위를 금지하는 법률규정은 그 요건과 내용에 있어서 수범자가 금지에 해당하는 행위가 무엇이며, 그 행위를 하였을 경우의 법적 효과에 관하여 예견할 수 있어야 한다.

명확성의 원칙이 특히 강하게 요청되는 분야로서는 죄형법정주의를 원칙(헌법 제12조 참조)으로 하는 형법분야와 조세법률주의를 원칙(헌법 제59조 참조)으로 하는 세법분야가 대표적이다[110].

> 대한민국 헌법재판소는 명확성의 논리적 근거를 헌법 제12조(죄형법정주의 원칙)에서 찾는다(95헌가16, 1998. 4. 30. 등). 수범자가 금지되는 행위와 허용되는 행위를 알 수 있어야 법적 안정성과 예측가능성이 확보된다. 불명확한 법률에 따른 형벌은 어떤 행위가 범죄가 되는가를 결정하는 입법권을 법관에게 위임하는 것으로 되어 권력분립의 원칙에도 반한다(90헌바27, 1992. 4. 28.). 미국 연방대법원도 법률의 명확성의 원칙은 의회주권의 원칙과 권력분립의 원칙에 따른 것으로 본다(Grayned v. City of Rockford, 408 U.S. 104 (1972)).

법률을 명확하게 제정해야 하는 일차적인 의무는 입법부에 있다. 추상적인 법조문을 기술적 언어(개념)만으로 표현하는 것은 불가능하다. 어느 정도의 가치개념과 일반·규범적 개념을 사용할 수 밖에 없다(95헌가16, 1998. 4. 30.) 헌법재판소와 미 연방대법원이 명확성의 원칙을 최대한으로 요구하지 아니하고 최소한으로 제시하는 것도 언어의 불완전성에 기인한다.

---

110) 소유는 불가침으로 신성한 권리이므로, 적법하게 확인된 공공의 필요성이 명백히 요구하는 경우와 정당한 사전 보상이 없이 어느 누구도 그 권리를 침해당하지 않는다.(프랑스 인간과 시민의 권리선언 1789 참조). 프랑스 대혁명은 신흥 유산계급을 중심으로 하는 제3계급이 구체제에 대한 저항의 결과이다. 소유권 절대의 원칙은 신제의 자유권의 연장으로 사유재산권을 인정하는 자본주의와 연결된다.

(11) 적법절차의 원칙

입법이란 헌법이 정하는 바에 따라 입법권을 지닌 입법기관(국회)이 헌법이 정하는 절차에 따라 추상적이고 일반적인 법규범을 정립하는 작용을 말한다. 법규범은 정당한 입법권의 행사에 따른 절차적 정당성을 가져야 할 것, 또한 내용의 정당성을 가질 것을 요건으로 한다. 내용의 정당성은 가치의 문제와 직결되는 것으로 합의에 이르기 쉽지 않다. 현대 민주주의 사회에서 절차적 정당성을 중시하는 까닭이기도 하다[111]. 독일의 연방헌법재판소에 따르면 “법규범은 정해진 입법절차에 따라 국가기관에 의하여 정해져야 할 뿐만 아니라, 내용상으로 정의 관념을 충족시키는 기본적 원칙에 모순되지 않아야 한다”고 한다. 성 아우구스투스는 그의 저서 ‘신국론’에서 정의가 없는 나라는 커다란 강도 집단에 지나지 않는다고 하고 있다. 즉 입법자는 ‘좋은 법률 또는 정의에 부합하는 법률’을 만들어야 한다. 좋은 법률이라는 평가는 수범자의 입장에 좌우된다. 수범자의 입장에서의 이해 가능성의 정도, 법률의 명확성, 규범 질서 내에서의 통일성을 갖춘 법률로서 기본권을 최적으로 보호하는 법률이 좋은 법률이다. 정치 행정학의 시각에서 보면 성공한 입법은 국민의 선호와 요구를 적합하게 반영하는 것이다. 경제학의 시각에서는 시장실패의 영역에 국가가 효율적으로 개입하여 그 문제를 해결하는 정책 대안을 법률이라는 형식(틀)에 잘 담아내는 것이다. 국민의 의사와 요구 및 시장 실패의 문제를 인식하는 정치(입법) 시스템이 조직화한 이익단체의 이해보다 비조직화된 국민 일반의 이해는 경시될 수 있다는데 주의해야 한다(소위 silent majority). 입법자는 국민의 일반의사나 전체이익을 무시하고 부분 의사나 특수이익을 추구할 가능성이 크다. 국민 청원 또는 입법 참여 등 인터넷의 발달(기술적 여건 충족)로 국민의 직접 참여가 가능하게 되었다. 주의할 점은 다수의 국민이 선호하는 정책을 입법한다고 해서 좋은 입법이라고 할 수 없다는 점이다. 다수가 소수를 억압하거나 변화에 저항하는 등 잘못된 정책을 선택할 개연성은 늘 상존하는 것이다. 고대 철학자들이 다수가 참여하는 민주정치가 우중정치화될 수 있다는 점을 경계해야 한다.

111) 형식이 중요한 것인가 아니면 내용이 중요한 것일까를 토론해 보자.

3. 올바른 법(정책)

'올바른 법'은 악법112)이 아닌 법을 의미(소극적 의미)한다. 더해서 '공정하고 효율적인 유용한 법'(적극적 의미)이 되어야 한다. 형법은 죄형법정주의를 기본원리로 채택하고 있는데, 올바른 법113)이어야 한다. '법률이 없으면 범죄도 없고, 형벌도 없다'는 원칙은 '그 법률은 반드시 정법(正法)이어야 한다'는 명제가 보충되어야 한다는 것이다.
법규범의 특성에 따라 정의와는 관련이 없는 순수한 질서 규범이 있다. 도로교통법에서 좌측통행이나 우측통행을 규정하는 것은 정의와는 무관한 인간의 행동과 습관을 일치시켜 도로 이용의 안전을 확보하려는 것이다. 이러한 규범에서는 합목적성이 중시되는 것이다.

보론 : 정책과 입법
교원 권한을 강화하자는 정책을 추진하고 있다. 교권을 보호하여 궁극적으로 학생의 학습권을 보장하려는 교육정책이라고 볼 수 있다. 교원을 보호하기 위하여 초·중등교육법, 교원지위법 등 교육 관계 법률의 개정과 아울러 아동복지법의 '정서적 학대' 금지라는 표현으로 규정하고 있어 아동학대 신고가 계속되고 있다. 즉 교원 지위 보장이라는 정책 목적을 달성하기 위하여는 관련 법률의 개정이 필요하다는 것이다. 하나의 정책 목표를 달성하는 데 하나의 법률(입법)의 제·개정으로 가능한 경우도 있는 반면에, 연결된 다른 법률의 개정이 동시에 추진되어야 하는 경우도 많다. 현대사회가 복잡·전문화되면서 입법도

---

112) 악법의 징표로서는 ①인간의 존엄성을 부정하는 법 ②자유와 생명을 부정하는 법 ③평등의 원칙을 부정하는 법 ④소급효를 부정하는 법 ⑤권력의 분립을 부정하는 법 등을 열거되고 있는데, 이들이 악법인 이유는 ①②③은 인권의 핵심을 부정하는 것이고 ④⑤는 인권 보장 수단의 근간을 파괴하는 것이기 때문이다.
113) 올바른 법이냐의 여부는 준법의식과도 밀접하게 연관되어 있다. 사람들이 법을 지키도록 하기 위해서는 먼저 무엇이 법인지 알아야 하고 그 법을 정당하다고 느끼며 법을 지키려는 의지를 가져야 한다. 법을 사람들이 잘 지키는 경우는 수범자의 대다수가 그 법이 정당하다는 느낌을 공유할 때 가능한 것이다. 이처럼 사람들이 느끼는 법 감정은 도덕적 판단이나 올바른 법에 대한 판단과 밀접하게 연결되어 있다.

세분됨에 따른 현상이다.

토론 과제 : 형식이냐 내용이냐

영어는 묘사와 기술(description)로 의미를 전달하는 데 반해, 한글은 의미(뜻, 의도)를 담아 전하는 측면이 있다. 단순하게 표현하자면, 영어는 형식을, 한글은 의미를 각각 중시한다. 언어 습관이 인간의 인식과 태도에 미치는 영향이 큰 것으로 보인다. 한글의 모호성은 현대의 포스트모더니즘 시각에서 재평가해 볼만 하다. 대상을 꼭 집어 표현하지 않고, 비유와 은유의 언어로 드러내면서 한글 개념어는 다의성과 모호성을 가진다. 명확한 경계선으로 정확한 이름을 부여하는 실증주의와 다르다. 분명한 주장을 버릇없는 태도로 간주하며 숨기는 겸양을 미덕으로 보는 문화와도 상통한다. 또한 정치적 민주주의를 운영하는 동양과 서양에도 차이가 있다. 서양은 인간을 믿지 않는 토대에서 제도를 설계한다. 성악설의 관점에서 제도를 만들고 운영하기에 권력 분립의 장치로 견제와 균형으로 운영한다. 동양은 성선설의 관점에서 정치 지도자를 믿어 제도의 설계와 운영이 정치하지 못하다. 아이러니하게도 한국의 행정문화로 형식주의를 들고 있다는 점은 체면을 중시하는 태도와 상관이 깊은 것이다. 우리 인간은 개밥그릇에 든 국밥(내용물)을 먹지 아니하고, 국밥 그릇(형식)에 든 개밥을 먹는다. 학위나 자격증 유무를 기준으로 그 사람의 능력을 판단하는 것은 그만큼 외부에 보이는 형식이 내용을 결정하는 중요한 요인이 된다는 것을 뜻한다.

제9장 종합 : 정책과 행정(집행)

국가의 권력을 분리하여 국민의 기본권을 보장하기 위해 국가의 권력을 분리하는 권력분립의 정신은 근대의 형식적·정태적인 구분에서 현대의 실질적·기능적 업무 분담의 성격으로 전환하였다. 구제도주의는 정치(입법부)와 행정(집행부)를 구분했다. 신제도주의는 정책결정과 집행이 연계되었다고 한다. 현대의 정책은 복합적·다의적 개념이다. 과거의 정책은 법률의 형태로 가치를 권위적으로 배분하는 결정이다. 현대의 정책은 법령, 예산 등 다의적이다. 예산정책을 예시로 들면, 정부는 국가의 효율적인 살림살이를 위한 예산안을 국회에 제출하고, 국회(정치, 입법부)는 지역 주민의 요구를 반영하는 수단 및 예산 환상으로 예산 정책을 수립하며, 주민은 정책(공공서비스)으로서 정부 예산을 본다. 예산정책에 관한 정부(공무원), 의회(정치인), 주민이 각각의 선호와 욕구를 가지고 정책의 다른 측면을 본다.

1. 정치 행정 일·이원론과 정책 집행

우드로 윌슨(W. Wilson)의 행정 연구는 정치·행정 이원론을 제안한다. 미국의 엽관주의 인사행정의 영향을 받아, 정당과 정치권이 행정에 깊이 영향을 주던 시기이다. 엽관주의는 행정의 부패와 비효율 및 불안정성을 초래하였다. 국민의 행정 서비스에 불만과 전문성 증대 요구를 윌슨 행정학이 반영한 것이다. 정치·행정이원론은 행정 영역을 정치로부터 보호하려는 것이다. 윌슨은 "정부 활동의 계획은 행정에만 해당하는 것이 아니며, 계획의 세부적인 실행만이 행정이다."라고 하였다. 행정은 독립적, 가치중립적, 직업전문가의 비정치적인 활동이다. 행정의 관리성과 기술성에 주목하면서 행정과 경영의 유사성을 강조했다. 정책학의 관점은 정치가 가치를 권위적으로 배분·결정(정책 결정)을 하고, 행정인 그 결정을 효율적으로 집행한다. 정치와 행정의 역할과 경계선을 구분했다. 집행(행정)은 정책 결정 내용을 기계적으로 실현하는 장치(apparatus)로 보았다. 정책 집행을 기계적으로 봐 집행에 관한 특별한 이론이 생성될 여지가 없었다. 행정은 과학적 관리 기법을 충실하게 적용하여 목표(정책결정)를 효율적으로 달성하는 데 몰두하였다. 막스 베버의 관료제 모형[114]도 행정을 기계로 본다. 이념형(ideal-type)으로서의 관료제는 중앙집권적이고 계층제적 피라미드형이다[115]. 최상층에서 통제하는 고도로 합리적이고 합법적인 권위와 구조를 가지고, 최고위층의 정책 결정과 명령을 신속하고 자동적으로 집행하는 관료기구로 집행한다. 행정학의 고전 모형에는 테일러(Frederick W. Taylor)의 과학적 관리법이 있다. 1911년 테일러의 시간연구는 성과와 능률을 평가하는 기준으로 노동자

114) 막스 베버의 관료제 모형은 계층제와 독임제를 전제로 한다. 즉 엘리트이론과 친숙하다. 최고층이 지시하면 그대로 집행한다고 가정하는 관료제 모형은 최고층의 역량이 행정과 정책 결정의 성과를 결정하는 요인이라고 간주한다. 모스카(G. Mosca), 미헬스(R. Michels), 파레토(V. Pareto), 밀즈(C. W. Mills)등이 엘리트 이론 주장자이다.

115) 블라우(Blau)는 조직의 규모가 커지면 분권화되는 경향이 있다는 실증 연구 결과를 발표한 바 있다. 현대 글로벌한 대규모 조직을 보더라도 각 지국 별로 분권화된 운영이 이루어지고 있다. 베버의 관료제는 이념형으로 조직을 실증적으로 연구한 것이 아님을 유의해야 한다.

의 생산성에 대한 시간과 동작을 측정한다. 귤릭(Luther Gulick)과 어윅(Lyndall Urwick 1937)은 행정과학 논집에서 POSDCOrB 원리[116]를 제시하였다. 행정의 고전 모형이 기계적인 집행과정으로 간주한다는 것은, 행정 집행자는 자유재량이 상명하달의 엄격한 계층구조에 따른다고 한다. 정책은 결정된 대로 집행되어 정책결정자가 기대한 결과를 산출한다는 것이다. 정책 집행에 관하여 의문이나 연구의 관심을 가지지 못한다. 재량을 결정재량과 선택재량[117]으로 구분한다면, 행정은 수단을 선택하는 재량(선택재량)만을 가진다. 결정은 선출직 또는 정치의 영역에서 전담하고, 행정은 그 결정에 기속된다는 것이다.

정책 과정을 결정-집행-평가 및 종결 등 한 방향으로 순차적으로만 진행된다고 보는 고전 모형의 관점은 한계가 있다. 정책 결정과 집행의 경계선을 명확하게 구분할 수 없다.

> 하나의 유기체로서 효용을 극대화하는 전략을 합리적으로 선택한다는 경제인의 가정은 명확한 목표를 정의할 수 있고, 그 목표를 효율적으로 달성하기 위한 수단을 비용편익 분석을 통해 비교할 수 있다고 가정한다. 경제적 합리성의 관점에서 정책을 보면, 목표와 수단의 명확한 정의와 비교가 가능한 것으로 본다. 그러나 현실 세계는 인간의 제한된 합리성으로 인해 최선의 대안을 선택할 수 없어 연속적인 비교(muddling through)를 통한 점증적이고 정치적인 과정이라고 비판하고 있다.

바나드(Chester Barnard)는 최고 관리자의 기능(The Functions of the Executives)에서 관리자의 의사결정에는 정보와 시간 등 큰 노력이 투입된다고 한다. 조직의 환경이 안정적이라는 고전 모형과 달리, 조직은 불확실한 환경에 직면하고, 정책 결정자는 불확실한 상황에서 선택하는 운명이다. 행동(action)의 집합인 행태(behavior)를 가치중립적으로 연구하는 행정행태론은 정책 집행이 복잡하다고 한다. 애플비(Paul Appleby)의 정책과 행정(Policy and Administration 1949)은 윌슨 행정학(정치 행정 이원론)을 180도 전환했다. 행정은 정책을 연속적으로 구체화하는 과정에서 정책 결정에 관여한다고 보았다. 정치와 행정을 분리할 수 없다. 사이먼(H.A.Simon)은 행정과정을 정치에 내재하는 다양한

116) 계획 또는 기획planning, 조직화organization, 인사행정staffing, 조직론의 명령directing, 조정coordination, 재무budget이다. 조정을 가장 중요한 행정활동이라고 한다.

117) 재량을 기속재량과 자유재량으로 구분하기도 한다.

심리적 규범과 관료제의 압력 등이 혼합된 복잡한 과정이다고 한다. 고전 행정 모형은 행정과정을 지나치게 기계적으로 보고 현실 행정을 제대로 설명(explanation)하지 못한다고 비판받는다.

1960년대에 정책 집행에 관하여 좀 더 적극적인 견해가 제시된다. 1930-40년대의 정치행정일원론이 고전 모형을 비판하는데서 한 걸음 더 나아가 행정(집행)이 국가발전을 선도하는 행정국가 및 복지국가 모델을 제안하였다. 케네디 대통령의 뒤를 이어 대통령직을 승계한 존슨 대통령 시대의 의회는 빈곤, 청소년 문제, 실업, 도시슬럼화, 인종과 성의 차별 등 사회 문제를 해결하는 정책을 구체성이 결여된 상태로 통과시켰다[118]. 모호한 내용을 담은 법률을 행정이 법(정책)을 집행하기 어렵게 되자 사회법령에 대한 정당성과 기대가 사라졌다. 로위(Theodore Lowi)는 정책 결정(형성)이 보다 더 합리적이고 구조적이어야 한다고 주장한다. 로위는 자유주의의 종말(The End of Liberalism)에서 행정 집행에 용이한 정책결정으로 1887년의 주간통상법(The Interstate Commerce Commission)을 사례로 든다. 정책 집행의 재량을 부여하면서도 명확한 기준과 법령에 따라 행정을 제대로 통제하도록 공공정책을 설계하여야 한다. 로위는 미국의 공공정책과 정부 규제의 범위와 목적이 구체적이고 개별(특정)적인 것(주간통상법의 철도에 관한 규정 1887)에서 구체적이고 일반적인 것(독과점규제법 1890)으로, 추상적이고 일반적인 것(연방무역위원회법과 불공정 거래에 관한 규정 1914)으로 발전하였다고 한다[119]. 미국 정부의 규제정책이 그 범위와 목적이 확대되고 있다고 하면서, 1960년대 민권법(The Civil Right Act) 등에서 인간 행태의 보편적인 측면까지도 통제하려고 한다. 법령이 추상적이고 모호해질수록, 정책집행의 책임성을 확보하기가 곤란해진다는 문제가 있다. 법령의 모호성과 다원주의 민주주의 이념이 결합하면, 이익집단(또는 행정)에 의하여 재해석되고, 이익집단이 정책 과정을 포획(capture)하는 현상이 나타나기도 한다. 로위는 정책결정(입법) 과정에서 명확한 목표와 대강의 수단 등 구체적으로 선택해야 집행과정

118) 정치는 의회를 무대로 입법(법률제정)으로 가치를 배분하는 결정을 한다. 법률은 일반적·추상적인 법규범으로 규정하게 되는데, 추상성은 타협에 유리한 개념의 가방의 역할을 한다. 추상성은 갈등을 해소하고 정치적인 타협에 도움이 되지만, 그 모호성으로 인해 집행 및 적용 단계에서 해석 및 적용과 행정재량의 문제를 양산한다.

119) 법률은 일반적·추상성을, 집행(행정)은 개별·구체성을 띤다. 로위의 미국의 법령 내용의 변화는 구체성에서 추상성을 담는 법률의 형식을 보인다.

에서 정치작용이 발생하지 않는다고 보았다. 미국에서의 최고 정책 결정 기구인 의회와 대통령 및 사법부가 법률을 정확하게 만들기 위해서는 정치과정을 집권화하여야 한다고 주장하였다[120]. 즉 모호하게 만들어진 입법을 집행하는 과정에서 겪은 혼란과 무질서는 고전 모형이 기계적인 과정으로 쉽게 다루었던 정책 집행의 중요성을 다시 한 번 주목해 보는 계기가 되었다[121].

레인(Martin Rein)과 레비노비츠(Francine Rabinovitz)는 정책 집행을 상호 세력 관계 및 협상에 의한 순환과정으로 다수의 행위자에 의해 조정되는 정부 선호의 선언이라고 정의한다. 집행 과정은 서로 상충하는 합법적 명령, 합리적 관료제적 명령, 합의상의 명령 등 세 가지의 명령에 의해 지배되고 있다고 보았다. 합법적인 명령에 지배된다는 것은 법이 요구하는 바를 집행하는 것을 말한다. 관료제적 명령이란 도덕적으로 정당하고, 행정적으로 실현가능하며, 지적으로 변호할 수 있는 행동과정이다. 합의적 명령이라 결과에 대하여 이해관계를 가지는 집단들 간의 합의를 끌어내는 데 필요한 규범들이다. 이처럼 서로 충돌하는 명령을 조화시켜 나가는 과정이 집행과정이라고 보았다. 결정과 집행 및 평가 과정을 단선적이고 순차적인 것으로 간주한 전통 모형을 거부하고, 전체 집행과정을 순환과정으로 보았다. 정책 집행자가 정책 과정에서도 중요한 행위자(actor)로서 역할을 한다.

---

120) 집권화로 법규범을 명확하게 규정하자는 로위의 주장은 현재의 관점에서는 비판할 수 있다. 대량생산 대량소비의 시대를 극복한 현대는 다품종 소량생산으로 개개인(개별화된 고객)의 요구와 욕구에 응대하는 시대이다. 지방자치의 발전과 신공공서비스론을 살펴보기 바란다.

121) 문제와 사회가 복잡·전문화될수록 정치(의회, 입법부)가 구체적인 내용을 행정(집행부)에 위임하는 경향이 있다. 빠른 기술의 발달과 정치권의 제한된 정보 수집 및 분석 능력은 법률의 규범내용을 추상적이고 모호하게 규정하여 정책 결과에 대한 책임을 회피하는데 용이하다.

2. 정책체제와 과정

체제란 일정한 목적을 달성하기 위한 구성 요소들의 집합이라고 정의한다. 정책과정을 체제의 관점에서 보면, 정책 과정의 각각의 요소와 연계들의 집합이다. 정책은 결정, 집행, 평가 등 일련의 과정을 거친다. 정책은 정책 결정과 집행 및 평가 과정을 조건과 환경으로 제약받는다.

프레스맨과 윌다브스키(Jeffrey L. Pressman and Aaron Wildavsky 1973)는 집행론(Implementation)에서 집행이란 정책을 이행하고 달성하고, 충족시키고, 생산하고, 완성하는 과정이라고 한다. 정책은 정책결정자로부터 정책집행자를 향한 목표와 목표달성 수단을 명확하게 알려주는 일련의 설명서(지시, instruction)이다. 정책 내용은 법령의 형식으로 일반적·추상적인 언어로 표현한다. 언어의 모호성과 인간이 언어를 해석하는 데 있어서의 서로 다른 경험과 가치관 등의 영향으로 그 인식의 깊이와 정도에 차이가 발생한다. 인간과 언어의 한계는 동일한 대상을 서로 다르게 정의하게 되어, 정책 결정과 집행의 차이를 가져온다. 정책은 기속행위와 재량행위로도 구분할 수 있다. 기속행위는 정책의 목표와 수단이 정책 결정자에 의해 명확하게 정의된 행동 노선으로서 집행자는 그 결정자가 선택한 대로 집행할 것으로 기대한다. 재량행위는 결정재량과 선택 재량으로 구분하는데, 결정재량은 정책 결정자 목표의 모호성으로 인해 목표를 선택할 수 있는 여지를 가진 정책 행동 노선을 말한다. 선택재량은 목표는 비교적 명확하게 정의되어 있어 다툼(해석)의 여지가 없으나, 그 목표를 달성하기 위한 수단들을 집행자가 선택할 수 있는 정책 행동 노선을 말한다. 현대 행정국가 시대에서 행정의 복잡성과 전문성이 높아져 정책결정자가 미래의 모든 상황(목표와 관련)을 정확하게 예측하고 통제하기란 쉽지 않게 되었다. 이에 결정단계에서 모든 변수를 고려할 수 없는 한계를 가지게 된다. 집행에서 재량의 영역이 확대하고 있다.

3. 정책 분석[122)]

(1) 정책 분석의 의의

정책 분석이란 정책 결정자가 합리적인 결정(선택)을 할 수 있도록 지식과 정보를 제공하는 활동이다. 정책 결정자는 정책 목표를 달성하기 위한 다양한 대안을 발굴하고, 그 대안 중에서 가장 적합한 대안을 선택한다. 정책은 다양한 스펙트럼을 가진다. 현대 사회의 복잡성과 전문성이 심화하면서 정책 문제와 그 해결을 위한 목표는 복잡하다. 정책 결정자는 일반 관리자(generalist)이어야 하는지 아니면 전문가(specialist)일 것인지, 현대 사회에서 정책결정자는 복잡한 정책문제에 직면한다. 정책결정자를 위한 정책분석가의 지원(도움)과 역할이 중요해진다. 정책분석은 1950년대 관리과학을 시작으로 60년대 체제분석, 70년대 정책 분석으로 발전하였다.

> 정책 분석은 정책 결정과 집행 전에 사전적으로 대안을 검토하는 행위이다. 정책분석의 사례로 국회 입법과정에서의 전문위원의 검토보고제도(국회법 제42조), 입법영향분석제도 및 정부(환경부)의 사전환경성 검토제도 또는 환경 영향평가 제도 등이다. 분석 행위임에도 평가라는 개념을 사용하고 있다. 사전 '분석', 사후 '평가'로 이해하면 된다. 법규범으로는 사전 '동의', 사후 '승인'이 있다.

정책 분석은 정책 문제와 목표를 명확하게 정의하고, 목표를 달성하기 위한 대안들을 탐색하며, 대안이 가져올 결과를 예측한 다음, 대안을 비교·평가하여 최적의 대안을 선택하여 정책 결정자에게 제안한다. 대안을 비교·평가하는 기준은 가능성 분석, 효과성 분석, 비용편익분석, 영향분석 등이 있다.

---

122) 정책 분석은 정책 결정 전에 대안들을 분류하고 쪼개서 살펴보는 것(분석 : 나눌 분, 쪼갤 석)이다. 정책 집행 결과를 평가하는 정책 평가와 구별된다. 공법학에서 의회가 정부의 활동을 사전에 인정하는 행위를 동의라고 하고, 사후에 인정하는 행위를 승인이라고 한다. 시간의 전·후 맥락에서 보면 동의는 분석에, 승인은 평가와 연결된다.

(2) 관리과학·운영연구(operation research : OR)

관리과학은 제2차 세계대전 시에 군사작전의 효율화를 위하여 개발된 분석기법이다[123]. 계량적인 기법을 도입하여 의사결정을 합리화하는 것이다. 종속(결과)변수에 영향을 미치는 독립(원인)변수를 발견하고, 독립변수를 모형에 포함해 통제 변수로 삼는다. 통제 변수를 관리(통제)함으로써 결과값의 변화에 영향을 미치는 정도를 파악할 수 있게 된다. 관리과학에서는 통제할 수 없는 외생변수 또는 오차항(error term)의 비중을 축소하려고 한다. 관리과학과 운영연구는 컴퓨터에 의한 데이터 처리 용량의 급속한 증가에 따른 기계학습이 가능해지면서 그 적용이 확대하고 있다.

> 운영연구기법은 확률 이론, 미적분학, 선형 대수학 등 수학에 뿌리를 둔다. OR의 최근 발전은 알고리즘 개념에서 출발한다. 항공, 철도, 전자상거래 등 운송 및 통신 부문에서 OR에 크게 의존한다. OR은 수학적 최적화 기술과 체계적 분석과 처리를 수행하는 네트워크구조이다. 기계학습(machine learning)은 관찰된 수량으로부터 알려지지 않은 다른 수량을 예측하는 작업을 모델링하는, 예측작업 기술이다. 컴퓨터 프로그램은 T 작업과, P 성능 측정 및 E 경험으로 향상된다. 프로그램은 모델 또는 기능이며 프로그램의 E 경험은 접근(access)가능한 데이터 유형이다[124].

(3) 체제분석

시스템적 관점에서 정책문제를 파악하고 해결책을 모색하는 접근방법을 체제분석이라고 한다. 정책문제와 목표를 하나의 유기체로 전제하고 - 부분에서가 아니라- 전체적 관점에서 대안을 분석한다[125]. 비용·편익분석은 공공사업의 경제적 타당성

---

123) 심리학, 물리학 등 과학자와 영국군인의 협조로 레이더의 탐지시스템 운용을 연구하였고, 미국이 일본과 전쟁하는 과정에서 탄광개발기술을 새롭게 개발하는데 운영연구가 활용되었다. 제2차 세계대전 이후 운영연구는 정부와 민간 기업에 확대·적용되었다. 교육학구제, 보건계획, 병원행정, 토지이용, 지방재정, 수자원 관리 등에 계량기법을 활용한다.

124) Fotios Petropoulos·Emel Aktas·Gilbert Laporte·Sibel A Alumur. Operational Research: Methods and Applications. March 2024Journal of the Operational Research Society 75(3):423-617. Mitchell, T. M., 1997. Machine learning. McGraw-hill, New York NY.

을 검토하는 데 사용된다. 능률성 또는 효율성 차원의 비교평가를 위한 분석기법이다. 비용·효과분석은 공공부문이 시장경제와 상호작용을 하여 효율적인 자원배분을 산출하기 위한 목적이 있다.

> 비용편익분석과 비용효과분석은 편익을 수치로 표현하느냐로 나눴다. 편익을 수치가 아니라 말로 표현하는 비용효과성 분석과 구분하였다. 비용편익분석도 결과를 돈으로 환산할 수 없는 활동을 고려하게 되면서 둘의 차이는 크지 않다. 비용편익분석은 경제적 능률성의 관점에서 총이익이 총편익을 넘는지를 고려한다. 비용효과분석은 기술적 능률성의 관점에서 프로그램이 합당·주어진 것으로 받아들이고, 그 프로그램 내에서 자원을 활용할 것인가에 초점을 둔다. 금전 이외의 척도를 측정단위로 하고, 시행 중인 프로젝트에 대하여 주어진(고정된) 편익과 비용을 단기적이고 협소한 범위를 대상으로 한다는 점에서 비용편익분석과 차이가 있다[126].

선형계획법(Linear Programming)은 한정된 자원을 다양한 활동에 배분하는 데 도움을 주는 기법이다[127].

> 선형계획법은 자원의 제약조건내에서 목표를 최적화하는 방법을 제안한다. 선형계획법의 전제조건으로 목표를 선형함수로 나타낼 수 있을 것, 제약조건을 선형부등식으로 표현할 것, 각 변수는 음수가 아닐 것(0 이상일 것)이다. 추상화된 정책문제를 선형계획모형으로 설정하고, 모형의 해를 구한다. 미시경제학의 예산선(제약조건, 소득과 가격 등)과 무

---

125) 최적화 또는 만족 극대화 전략을 가정하는 경제적 접근 방법에 가깝다.

126) 비용편익분석은 프로그램이 합당한지를 장기적이고 종합적인 관점에서 (주어지지 않은) 비용과 편익을 분석 변수로 한다.

127) 목표가 다수일 경우에 한 가지를 목표로 설정하고, 나머지를 조건으로 간주하는 방법을 선형계획법이 적용한다. 다수의 목표의 일부를 제약조건으로 간주하고, 한 가지 이상의 나머지 목표들에 우선순위를 매기고, 그 우선순위에 따라 목표를 추구하는 방법을 목표계획법이라고 한다.

차별곡선(효용곡선)이 접하는 지점이 효용극대화(목적함수 Max Utility)를 충족하는 지점(해, 값)이다.

선형이란 모형에서 사용되는 함수가 일차함수라는 뜻이고, 계획은 기획(planning)을 뜻한다. 즉 일차함수를 전제로 자원 배분을 기획하는 모형을 말한다. 경제학의 소비자이론에서 소득의 제약조건 하에서 소비자는 효용을 극대화하기 위한 전략을 탐색하게 된다. 마찬가지로 자원이 제약된 조건에서 생산량이나 편익을 극대화하거나 투입 비용을 최소화하기 위한 전략, 최적 배분점을 발견하기 위한 모형이다. 몇 가지 변수를 살펴보자. 의사결정변수는 제한된 자원 하에서 탱크를 만들 것인가 소총을 만들 것인가를 결정하는 것이다. X1= 탱크 수, X2= 소총 수. 목적함수는 의사결정자가 달성하고자 하는 목표를 수리로 표현한 것이다. Max y=3x1+x2, 탱크 한 대에 3원의 이익이, 소총 한 개당 1원의 이익이 발생한다고 가정한 경우의 목적함수이다. 제약조건은 주어진 자원을 말하는데, 여기서는 시간비용(기회비용)을 고려하자. 2x1+x2〈100, 100시간 이내에 탱크와 소총을 만들어야 하는데, 탱크 한 대 만드는데 2시간, 소총 만드는 데 1시간이 각각 필요하다고 가정한 제약조건이다. 탱크와 소총은 각각 0대 이상을 생산한다고 가정한다. 수학 시간에 배운 연립방정식을 풀어서 해(결과값)을 찾는 과정으로, 파이선 등 통계 패키지를 활용해서도 결과값을 구할 수 있다.

(4) 정책분석

관리과학이 선형계획, 회귀분석 및 OR 등 계량적 기법을 중시하면서 능률성의 차원에 주목하고 있다면, 체제분석은 비용·편익분석과 비용·효과분석 등 경제적인 요인을 중시하면서 가능성·실현성의 차원을 살펴본다. 정책분석은 가치의 문제와 당위성 차원을 다루는 것으로 정치적·질적 요인에 대한 분석을 중시한다. 체제분석이 계획예산제도 등 경제적 실현 가능성을 중시하는 데 나아가 정책 분석은 복잡한 정치문제와 장기적인 미래의 사회 전 분야를 연구 대상으로 하고 있다. 정책과정, 정책 대안, 정책결과에 관한 체계적인 평가이다. 과학적 차원의 정책분석은 이론과 지식에 중점을 둬 실제 정책결정자에게 유의미한 도움을 주는데 한계가 있다. 전문적·직업적 차원의 정책분석은 대안을 비교·분석하여 문제해결에 기술적·실질적인 도움을 주지만, 기계적 분석으로 제한된 범위에서 적용한다. 정치적 차원의 정책분석은 법적, 경제적, 정치적 가치에 관한 논쟁을 다룬다. 다양한 목표와 선호 및 가치를 다루게 되면서 깊이 분석하는데 한계를 가진다.

(5) 게임이론과 죄수의 딜레마

게임이론은 상대방의 선택에 관하여 게임 참가자들의 합리적인 기대에 관한 이론이다. 게임이론은 규범적인 이론으로 게임 참가자들이 선택할 수 있는 전략과 그 결과로 받게 될 보상은 알고 있다고 가정하고, 상대방이 어떤 전략과 선택을 할지는 모르는 상황에서 의사결정에 직면한다고 본다. 게임 상대방과의 이익의 완전하게 상반되는 상태를 제로섬 게임이라고 한다. 비제로섬 게임(non zero sum game)은 게임 상대방 간의 이득이 완전히 상반되지는 않는 상태인데, 환경 문제 등 시장실패 현상을 설명하는 데 자주 등장하는 죄수의 딜레마 모형이 이에 해당한다.

> 죄수의 딜레마는 두 사람이 참가하는 비제로섬 게임 (non zero-sum game)이다. 게임의 당사자는 서로 협력하면 파레토 효율적인 선택을 할 수 있으나, 서로의 불신(신뢰부족, 사회자본의 결여) 또는 인간의 이기심으로 모두에게 불리한 대안을 선택하는 시장실패를 초래한다는 것이다. 환경오염을 야기하는 문제가 대표적인 사례이다. 환경은 자기 정화능력을 가지고 있으나, 환경이 자정능력(회복 불가능한 지점) 지점인 임계치(critical point)를 넘게 되면 환경이 오염되고 만다. 오스트롬은 자치조직을 활용한 제3의 길로 죄수의 딜레마 현상을 극복하자고 제안한다.

	A 침묵(협동)	A 자백(배신)[128]
B 침묵	1/2 1/2	10 0
B 자백	0 10	5 5

게임자는 이기적으로 자신의 이익만을 최대화한다. 언제나 협동(침묵)보다는 배신(자백)이더 많은 이익을 얻어 게임자 모두는 배신(자백)을 택한다(내쉬 균형). 정부 또는 국가가 법률, 제도, 세금 등으로 개입하여 각 행위자

128) 게임 보수표(pay-off)는 설명을 위해 인위적으로 설정한 것이다.

를 강제하여 사회적으로 바람직한 결과(파레토 효율)를 달성하게 된다.

(6) 불확실성과 의사결정

미래를 확률적으로 예측할 수 있을 때 위험(risk)이라고 하고, 미래를 예측할 확률변수를 가지고 있지 않을 때 불확실성(uncertainty)이라고 한다. 불확실한 환경(상황)에서 의사결정 기준으로 라플라스 기준, 낙관적 기준, 비관적 기준 등이 있다. 라플라스(Laplace)기준은 평균기대값 기준을 의사결정을 하는 것이다. 낙관적 기준(Maximax)는 불확실한 환경에서 낙관적이고 가장 나은 대안을 비교분석하여 최대치를 선택하는 게임으로 최대 극대화 원리라고도 한다. 비관적 기준(Maximin)은 최저치를 고려하여 가장 나은 대안을 선택하는 안전 주의 모형으로 최소 극대화의 원리를 말한다.

(7) 계층화 분석법(AHP : Analytical Hierarchy Process)

공항 건설의 입지 대안으로 밀양과 가덕도를 두고 경쟁한 적이 있다. 이해관계자들은 각자의 연고 지역이 공항 입지로 최적 대안이라는 근거를 제안한다. 공항 입지는 이동 거리, 소요 시간, 기반(도로) 시설, 향후 확장 가능성, 예상 이용객 수 등을 고려하여야 한다. 문제는 이러한 척도들의 가중치를 결정해야 한다. 기준들이 계량할 수 있는 기준과 계량이 어려운(비계량적) 기준이 혼합되어 있어 최적의 의사결정을 하기가 쉽지 않다. 대안 간에 합리적으로 비교할 최적 기준을 제시하기 어렵기 때문이다. AHP는 문제 설정 및 계층적 구조화를 한 후, 구성 요소들을 1대1로 두 점 비교하여 상대적 중요도를 결정하게 된다. AHP도 통계 패키지를 활용하여 결과값을 편리하게 얻을 수 있다.

(8) 대기이론 (queuing theory)

줄서기 이론이라고도 한다. 주민센터에 민원인이 시간당 3명이 방문한다고 가정하자. 공공서비스 시스템에서 민원인이 도래하는 횟수가 시간마다 일정하지 않을 때 대기행렬의 길이와 서비스를 받고자 하는 단위들의 대기 시간을 통제하기 위하여 규모의 결정, 통로의 수, 대기 규칙, 수단의 빈도 결정 등을 발견하기 위한 이론이다. 대기행렬은 몇 가지 모형이 있으나, 기본적으로 횡축은 서비스시설로 하고, 종축은 비용을 한다면 대기비용은 시설이 많아져도 줄어들게 된다. 반대로 서비스시설이 늘어나게 되면 서비스 비용은 증가하는 우상향하는 곡선 형태를 가진다. 총 대기비용은 우하향하는 대기비용과 우상향하는 서비스 비용을 합한 것인. 총 대기비용은 아래로 볼록한 모양(종 모양을 180도로 회전한)이 된다. 이러한 모양은 뷰케넌과 톨록의 모형이 시사하는 바와 유사하다. 포아송 분포를 가정하는 경우 엑셀의 데이터분석으로 결과값을 구할 수 있다. 단위시간 내에 어떤 사건이 몇 번 발생할 것인가를 표현하는 확률분포를 말한다. 의사결정자가 기준으로 잡은 단위시간, 그 시간 안에 어떤 사건이 일어날 횟수에 대한 기댓값, 람다를 알고 포아송이 만든 공식에 입력하면 그 사건이 n회 일어날 확률값을 구할 수 있다. 남자 화장실에서 손을 씻지 않는 확률값, 민원센터에 1시간 이내에 민원인이 방문할 확률값 등을 포아송 분포 계산식을 통해 그 결과값을 구할 수 있다.

(9) PERT(performance evaluation review technique)/ CPM(critical path method)

목표 달성을 위한 단위 활동들을 구분한 후에, 활동 간에 선후관계 모형을 만든다. 각각의 활동에 필요한 시간을 기록한다. 모든 계획 공정과 활동은 선행 행위가 완료되어야 다음 행위가 개시될 수 있으며, 활동은 한쪽으로만 진행되며 각 단계 사이에는 한 개의 활동만이 있다고 가정한다. PERT는 환경이 위험(risk)한 상황을 전제로 하므로 미래의 확률변수를 알고 있다. 새로운 무기 개발계획이나 토목공사의 공정 등 계획에 적용된다. 각각의 개별적인 과제에 대하여 다른 시간 추정치를 허용한다. CPM은 한 가지의 시간추청치를 허용한다. PERT와 달리 CPM은 시간비용(time cost)에 대한 대체점(trade off point)를 규명한다. 실무적으로 PERT와 CPM은 혼용되고 있다. PERT는 최단의 시간 경로를 주 공정(critical path)이라고 한다[129].

> 연구개발사업, 건설사업, 공채발행 등 공공 프로젝트를 관리하고 통제하는 데는 각 과제를 완료하는데 필요한 시간, 과제를 시작하기 전에 반드시 완료되어야 할 선행 과제에 관한 정보가 필요하다. 예를 들어, 연수원에서 시민을 대상으로 인문학 강좌를 개설한다고 가정하자. 강의 내용의 기회(선행활동 없음, 필요 2시간), 강사 섭외(선행: 강의내용확정, 필요 1시간), 강의 장소, 홍보 전단지 발송, 예약접수 등의 사업(프로젝트) 활동별 선행활동과 예상되는 필요시간을 산정한다. 각각의 활동을 PERT

129) 경제학에서 기회비용은 현재적(재정적, 회계적) 가격과 묵시적 가격을 합한 것이다. 외부비경제 또는 외부경제를 고려한 사회적으로 가장 효율적인 시장가격(완전경쟁시장 가격과 유사)을 그림자 가격(shadow price)이라고 한다.

네트워크로 활동그림을 그린다. 연결된 활동을 경로(path)라고 한다. 각각의 활동 경로는 크게 두 가지가 있다. 경로의 시간은 각 활동의 필요시간의 합이다. 각 경로 중에서 최장의 필요 시간이 있는 경로는 주공정(critical path)라고 한다. 주공정을 완료하는 데 필요한 총 시간이 전체 프로젝트를 완료할 수 있는 최단 시간이 된다. 주공정이 지연되면 전체 사업이 지연된다[130].

〈정책 분석과 인간의 모호(양면)성〉 1988년 미국 옐로스톤 국립공원의 화재는 역사상 큰 산불이다. 옐로스톤 국립공원의 산불이 커진 원인을 인간이 자연에 대한 통제를 강화해온 정책 때문이라는 주장이 있다. 반대로 인간이 자연에 대한 간섭을 하지 않고 방치한 결과라는 주장도 있다. 산불이란 자연 현상의 원인을 두고도 전문가 간의 의견이 일치하지 않고, 오히려 크게 대립하고 있다. 인간이 자연 그대로를 두지 않고 관리한 결과 국립공원의 나무 종이 화재에 약한 종들이 살게 된 환경을 조성하게 된 것이라고 주장한다. 반대로 미국은 자연적으로 발생한 화재에 관하여 인간이 최소한의 개입(소방)만 하는 소방 정책을 가지고 적용한 결과라고 주장한다. 자연 현상에 인간이 개입해야 하는지 아니면 자연의 질서를 존중해야 하는지를 토론해 보자.

130) 사업(프로젝트)의 완료 시간을 단축하려면 주공정 활동에 주목해야 한다. 왜 그런가를 생각해 보기 바란다. 주공정에 속하는 활동들의 필요시간이 다른 공정의 필요시간보다 더 많다는 것이다. A공정, B공정, C공정이 있다면, 각 공정별로 활동 필요시간의 합이 가장 큰 공정이 주공정이 되고, 관리자의 관심 공정이 된다.

4. 정책 결정과 정책

정책을 형성하는 단계에서 중요한 행위자는 적법한 권위(legitimacy authority)를 가진 공식적인 정책결정자들이다. 국가의 정책을 결정한다는 것은 가치를 권위적으로 배분할 수 있는 권한이 부여된 지위(position)를 차지하고 있는 사람들이다. 정책을 담은 형식적인 측면에서 보면, 법률, 명령, 조례, 규칙 등 공식적인 규범들로 나누어 볼 수 있다. 즉 입법 기능을 담당하는 권한을 가진 국회의원과 대통령(또는 수상 : 대통령제 또는 내각책임제)이 국가의 정책을 결정하는 가장 높고 중요한 행위자이다[131]. 다원주의 민주제 정치체제를 채택하고 있는 대다수 국가에서 공식적인 정책을 결정할 수 있는 행위자의 선택에 영향을 미치는 정당, 이익집단, 언론, 시민사회 등 조직화한 힘(영향력)을 행사하는 집단들이 존재한다. 정보통신기술의 발달로 개인이 직접 국가정책 결정에 개입하고 영향력을 행사하는 현상이 나타나고 있다. 사회관계망(SNS)의 발달은 직접민주주의를 가능하게 하는 기반이 되고 있다. 고대 그리스 시대의 철학자들은 직접 민주정이 가져올 폐해에 대하여 우려하기도 하였다. 권력 분립의 정신(몽테스키외의 법의 정신을 상기하자)은 정책 결정 기능과 집행 기능이 서로 견제와 균형(check and balance)에 따라 조화롭게 운영되어야 한다고 보았다. 정책을 결정하는 행위자가 직접 집행하게 되면 국가 권력은 독재화되고, 인간의 기본권(인권)이 침해될 위험에 처하게 된다는 것이다.

131) 국가의 중요정책은 국회와 정부(국무회의)에서 결정이 된다. 특히 국회는 입법기관으로서 국민의 권리를 제한하거나 의무를 부과하는 경우 반드시 형식적 의미의 법률로 규율하여야 한다는 의회주의의 원리에 따른다. 대한민국 국회는 상임위원회 중심주의를 채택하고 있으므로, 국회의 의사결정은 국회의원(상임위원)과 국무위원(장관)이 토론의 방식으로 진행하게 되고, 국회의 최종적인 결정은 본회의에서 이루어진다.

5. 정책내용(지시, instruction)과 지침

정책 내용(policy statements)은 정책 목표와 정책 수단으로 구성된다. 정책 목표는 문제 영역(problem area), 문제들의 우선순위, 수혜자 등으로 구성된다. 정책 목표를 달성할 수단은 목표를 달성하기 위한 방법들을 표현(지시)하고, 그 정책을 실행할 행위자, 정책 이행에 필요한 자원, 정책의 혜택을 측정할 수 있는 지표 등으로 구성된다. 목표와 수단의 구성 요소들을 표현하는데 언어의 제약에 주의해야 한다. 정보의 발신자와 수신자 및 전달자의 오류와 한계는 정책이 결정된 지시 내용을 오해하거나 착오 등으로 왜곡되기 쉽다. 한편 이러한 정책 모호성은 정책의 찬반양론에서 비교적 자유롭게 적응하는 데는 도움을 주기도 한다.

정책 내용이 모호해지는 원인 변수들을 살펴보자. 먼저 정책결정자는 기술적 전문가가 아닌 경우가 많다. 따라서 정보가 부족하거나 부적절한 경우가 많고, 완전한 정보를 준다고 해도 그 정보를 완전하게 처리하고 이해하는 능력이 뒷받침하지 않기도 한다. 또한 정책 결정자의 선호와 목표는 다양하다. 정책 결정자의 부족한 정보처리 능력과 선호의 복잡성은 목표와 수단을 명확하게 정의하지 않고, 구체성이 결여된 모호성을 가지게 하는 원인이 된다. 인간의 부족함과 언어의 모호성으로 정책 내용이 불명확해지는 문제를 극복하는 방법으로 각종 공청회나 청문회 등 회의체의 활동이 보완적으로 도움을 주기도 한다. 국회의원(정책 결정자)과 국무위원(장관, 정책 집행자) 간의 법률안 등 각종 의안을 서로 토론하는 과정을 공개함으로써 정책내용의 모호성은 좀 더 명료하게 드러나는 경우가 많다. 공개주의는 비밀주의와 음모 주의로 모호한 결정과 자의적인 집행을 예방하는 좋은 장치가 된다. 정책 결정 과정이 투명하게 공개되게 되면, 정책을 해석하거나 집행하는 과정에서 부당한 재량과 자의적인 집행을 예방할 수 있다는 것이다.

정책 내용의 모호성은 몇 가지 장점을 가지기도 한다. 정치는 가치를 권위적으로 배분하는 활동이다. 가치란 인간이 획득하고 향유하고자 하는 권력, 명예, 경제적인 재화와 서비스, 기회 등 다양하다. 정치 공동체는 사회의 가치를 획득하려고 경쟁하고 투쟁하는 장(arena)이다. 따라서 정치는 협상과 타협으로 갈등을 완화하는 중요한 기제이다. 효용의 극대화와 이익의 극대화 등 최대화라는 단일 목표를 달성하기 위한 경제 연구는 단일 유기체를 전제한다면, 정치는 다양한 가치와 선호가 투쟁하는 다수의 유기체를 인정한다. 모호한 정책 내용은 마치 갈등과 투쟁을 담아두는 가방과 같은 역할을 한다. 명료하게 정의된 정책 목표는 그 목표에 반대하는 집단들의 강력한 저항에 직면하게 된다. 정책 목표를 통해 이익을 보는 집단과 그 비용을 부담해야 하는 집단이 명료하게 나눠진다면 집단 간의 갈등은 첨예하게 진행될 것이다. 예를 들어 의과대학교 정원을 증원하는 정책 결정에 대하여 의사들이 집단으로 저항하는 것은 그 정책으로 의사들이 피해를 볼 것이라는 우려가 표출되는 과정인 것이다. 전세자금 대출 완화 등 각종 부동산 규제 완화정책은 전세 대출자 이외에는 큰 관심이 없고, 국민의 저항은 크지 않다. 그러나 대출 규제 완화로 인플레이션이 심화하여 화폐가치가 하락하는 등의 경제 문제가 발생한다는 사실을 안다면, 정부의 대출 완화정책에 대하여 언제나 찬성만은 하지는 않을 것이다. 1930년대 경제 대공황과 실업 문제를 해결하기 위하여 등장한 케인즈 경제학은 정부의 재정지출 확대를 장려하였다. 정부의 확대 재정정책은 경제 성장과 고용 확대에 도움을 주었으나, 1970년대 들어서면서 초인플레이션 현상을 겪게 되면서 케인즈식 경제정책을 비판하고 나섰다. 즉 확대 재정정책에 필요한 고통(비용 부담)을 누가 부담하는지 명확하지 않아 정치인은 그 비용에 대해 고려하지 않으면서도 지출을 늘리는 정책을 펴게 된다. 국민도 마찬가지로 비용에 대해서는 깊이 고민하지 않고 그 혜택을 누리는 데 만족한다. 그 비용은 미래세대(국공채 상환)와 현재 세대(인플레이션과 강제저축)가 부담한다는 사실을 알게 된다면 확대 재정정책을 비판 없이 동의하지는 않을 것이다[132]. 이처럼 민주주의 사회에서 정책은 비용 부담 주체는 다수여서 조직화하기 어렵고, 이익을 보는 수혜자층은 소수로 명확하게 정의가 되기 용이한 정책이 채택되고 추진되기 쉽다. 아무리 좋은 정책이라고 할지라도 비용 부담 주체가 명확하게 드러나고, 그 주체들이 집단화한다면 그 정책은 추진되기가 매우 어렵다. 연금개혁정책, 의료개혁정책 등 각종 개혁 정책은 미래세대를 위해 필요성은 인정되지만, 국민의 그 누구도 자기희생을 통해 정책이 추진되기를 바라지 않기 때문에 정책 추진은 어렵게 된다(pending).

---

132) 초기 투자 비용이 많이 들게 되는 사회간접자본(길게 늘어지는 평균비용 곡선)을 건설하는 경우 자본 조달 정책을 살펴보자. 지하철 또는 고속 도로 건설에 필요한 자금을 국민 세금만으로 조달하지는 않는다(경제는 주고받기가 원활하게 이루어져야 효율적이 된다). 국공채(50년 채 등)를 발행하여 그 비용을 부담하는 것은 국공채를 상환할 미래세대도 지하철 등을 이용할 것이므로 그 이용에 대한 대가를 지불하게 하는 것이다.

정책 내용의 모호성은 정책 입안자에 의하여 의도적으로 추진되기도 한다. 일반적·추상적 내용을 규율하는 일반법률의 경우 그 추상성으로 인해 모호성은 더 높아지기도 한다. 법률에는 선언적인 내용만을 담고, 행정명령(시행령, 시행규칙 등)으로 구체화하면서 실질적인 정책 결정과 집행을 정부가 행사하기도 한다. 정책 내용을 명료하게 해석하고 이해하기 위하여 정책과 관련한 각종 보고서와 심사 자료 등을 공유할 수 있도록 공개하는 정책을 시행하고 있다. 또한 정책 결정 과정에서 집행자를 참여시켜 정책 메시지를 해석하는 데 차이와 오류를 줄이는 노력을 한다. 국회 상임위원회의 심사 또는 법안 심사소위원회 심사 과정에 정부의 국· 과장 등 관련 공무원들이 참여하고 국회의원의 질의에 대하여 답변하면서 국회의원(정책결정자)과 공무원(집행자) 간의 규정 해석의 다툼과 차이를 좁히게 된다.

정책 결정(형성) 단계에서 실패하게 되는 요소들을 정리하면 다음과 같다. 정책을 이행할 조직을 지시하는 데 있어 모호성과 선택적 해석 및 자원의 유용 등으로 정책의 우선순위를 명확하게 제시하지 못하는 조직, 너무 복잡하거나 모호하게 행동을 요구하는 내용, 부과된 업무(정책)를 실행하는 데 필요한 자원 배분이 불충분하거나 연계성이 낮은 경우, 시간의 부족 등으로 정책 결정(형성)이 실패하게 된다.

6. 정책과 정책 집행

고전적 정치행정이원론의 입장을 가진 학자들은 정책이 결정·채택되면 정책을 둘러싼 각종 논쟁은 모두 소멸한 것으로 간주한다. 그러나 정책 집행은 결정 이후에 자동적·연쇄적으로 발생하는 기계적인 활동이 아니라, 집행 단계에서도 정치적 압력이 활발하고 동태적인 순환과정으로 복잡성을 띤다는 것이다.

먼저 정책 집행 단계에서의 정책 집행자(행위자)는 다양하다. 정책결정자는 정책 집행자가 정책 형성의 요구대로 집행자가 행동하고 있는지를 모니터링하고 확인한다. 국회가 정부에 대하여 국정감사 및 조사, 질의 등을 수단으로 정책이 원래 의도한 대로 집행되고 있는지를 감시하는 것을 말한다. 공식적인 정책 집행자는 공적인 권한과 책임 및 공공의 자원을 지원받는 공무원이다. 현대 사회에서 공무원이 제공하는 공공서비스는 직접 제공하는 방식에서 민간 위탁 및 민영화 등 그 집행 방식이 다양화되고 있다. 보조금, 바우처, 프랜차이즈 등 정부가 공급(provider)하고 민간이 생산(produce)하는 사례도 증가하고 있다. 코로나19가 확산하던 시기에 보건소에 백신 접종을 직접 수행하기에는 한계가 있어 민간 병원에서 백신 접종을 하고 그 비용은 정부가 부담하기도 했다. 공무원이 직접 공공서비스를 제공하던 방식에서 위탁과 민영화 등 그 방법이 다양화되면서 주인과 대리인 이론에 관하여 관심을 두고 학습해 두면 좋다. 교육부의 국가장학금 정책은 한국장학재단에 의해 집행된다. 이 경우 교육부는 주인으로서 대리인인 한국장학재단의 정책 집행 실태를 모니터링하고 정책 목표 달성에 적합한 수단을 실행하도록 유도해야 한다. 정책집행에는 관계 이익집단과 사회단체의 로비와 압력 행사가 영향을 미친다. 다원주의 민주 체제에서 정부 기관의 중요한 원천은 외부 집단의 지지를 얼마나 이끌어내는가에 달려있다. 의과대학교 정원을 늘리는 정책을 의사 집단은 저항하는 데 반해 일반 환자와 국민은 지지한다면 정부가 정책 지지층의 의사를 결집하여 반대하는 집단에 제대로 전달하고 조정하여야 한다. 민주정체에서 일반 대중이 선호하는 정책 요구는 조직화에 실패하여 그 목소리를 결집하지 못해, 특정 이익단체의 의견에 국가정책이 동요하게 되어 정책이 다수의 이익에 공헌하지 못하고 소수의 이익을 대변하는 정책 실패 현상이 나타나기도 한다.

행정부 로비활동에서 외부 집단의지지 활동이 중요하게 작용한 사례로는 1930년 테네시계곡 개발 공사 사업에 대해 지지를 얻으려는 노력에 관한 셀즈닉(Philip Selznick TVA and the Grass Roots, 1966)연구를 소개한다. 농무부(우리나라의 농림부)은 각 카운티에 설치되어 있는 농사 자문 기구 형태의 일선기관은 농무부에 유익하였다. 농사 자문기구는 농민들과 매우 가까운 관계를 맺고 있었으며, 정책이 농사 자문기구에 의해 채택되면 농민의 지지를 쉽게 얻을 수 있었다. TVA 농업 프로그램도 농업자문기구의 지지와 농민의 동원된 지지를 쉽게 받을 수 있었다고 한다.

과거 우리나라의 새마을 운동을 추진하면서 활용한 주민 조직 역시도 정부의 정책 지지를 얻는 데 중요한 자산이 되었다. 지금은 기피하고 있는 통·동장과 반장 조직도 국가 정책을 집행하는 데 지지와 집행을 완성하는 모세 혈관의 역할을 하고 있다. 이처럼 정책 집행의 성공은 국민의 지지를 안정적으로 확보하는 것이 중요하다. 특정한 정책에 대하여 이해관계를 느끼지 못하는 대중은 무관심하기 쉬우므로, 정책 수혜자로부터 조직화한 지지를 끌어내는 것이 손쉬운 지지 방법이 된다. 이처럼 공공 정책이 공공성과 공익성을 달성하기보다는 특정 이익을 대변하는 특수정책으로 전환될 가능성이 있으므로, 공공서비스에 관한 일반 시민의 역할과 관심이 민주사회를 건설하고 유지하는 데 꼭 필요한 조건이 된다는 데 유의해야 한다. 언론을 제4부라고 부른다. 그만큼 언론의 여론 형성 기능은 민주사회를 이끌어가는 견인차 구실을 한다. 정책 집행이 건강하게 성공하려면 건강한 언론 문화의 정착에도 관심을 가져야 한다.

정책집행에 성공하는 데는 관료조직 기구와 규범을 살펴봐야 한다. 정책 집행은 행정부 조직을 통해 진행되므로, 정부 조직의 기구와 규범이 정책 집행에 미치는 영향을 규명해봐야 한다.

엘모어(Richard Elmore Orgnizational Models of Social Porgram Implementation 1978)는 조직이론에 관한 4가지 제도적 모형을 제시하고 있다. 첫째 체제 관리 모형(the system management model)은 집행을 질서정연하고 목표지향적 활동으로 본다. 관료 관리 모형(the bureaucratic process model)은 집행을 계속 재량을 통제해 가는 관료적 과정(routine)으로 본다. 갈등협상모형(the conflict and bargaining model)은 집행을 갈등과 협상의 과정으로 본다. 집행에 영향을 주는 조직의 요인들로는 내부적 절차, 시간과 자금 및 직원과 권력 등 각종 자원의 배분, 심리적 동기와 관료제적 규범 등이다. 행위자들의 행위와 동기에 영향을 주는 조직의 통제 수단으로 에치오니는 강제적 권력, 공리적 권력, 규범적 권력으로 분류하였다. 막스 베버는 정당성의 원천으로서의 전통적, 카리스마적, 합법적 권위로 분류하고 있다.

7. 정책과 정책 평가

정책 집행이 제대로 그 목적을 달성했는가를 살펴보는 단계는 정책형성자에 의한 평가와 정책 집행자에 의한 평가로 구분해 볼 수 있다. 정책이 집행되는 과정 또는 집행 이후에 국회가 국정감사나 조사를 통해 정부의 정책 집행을 감시하는 것은 전자의 예이다. 예산이 집행되고 나서 결산을 감사원이 검사하는 과정은 집행자로서 정책 집행을 평가하는 것이다. 정책결정자는 민주성, 합법성 등 정책이 의도하는 목표 달성을 통해 국민의 욕구를 충족시키는 여부에 관심을 둔다. 정책 집행자는 효율성, 생산성 등 주어진 정책 목표를 달성하는 데 적합한 수단을 선택하고 효율적으로 집행하는 데 관심을 가지는 경향이 있다. 정책 평가는 정책 결정자와 정책 집행자에게 영향을 미친다. 정책 평가의 사례로 대표적인 것은 재무 행정론의 결산이 있다. 결산은 한 회계연도의 예산 집행의 결과를 합법성·능률성·효과성 등의 관점에서 평가하는 것이다(결산 구술 특강 자료는 별도 작성). 정책 평가는 정책의 기획(plan)-집행(do)-평가(see) 및 환류(feedback)의 연결 구조로서, 기존의 정책을 수정하거나 새로운 정책을 형성하고 집행하는 데 도움을 주는 활동이다. 사전에 정책 대안을 비교·분석하는 정책분석과 달리 정책 평가는 사후적으로 정책의 좋고 나쁨을 검토하는 활동이다. 사후적 활동인 평가가 독립 연구 분야로 등장한 시대적 배경으로는 감축 경영 또는 신자유주의의 사조와 밀접하게 관련된다. 확장과 성장의 시대에는 평가보다는 새로운 정책 사업을 발굴하고 추진하는 데 중점을 둔다. 1970년대 오일쇼크 이후에 정부의 조직과 기능을 합리적으로 축소해야 한다는 필요와 요구가 증가하면서 정책 평가 분야가 주목을 받기 시작했다.

정책 평가는 의회의 행정부 감사, 감사원의 정부 내 기관의 회계검사와 직무감찰, 행정기관의 감사관실 또는 사업 부서에 의한 자체 평가, 언론과 시민단체의 정보공개 청구 등의 활동을 포함한다. 일반 국민의 정책 평가는 활성화되어 있지 못하다는 데 주목해야 한다. 민주주의 사회에서 조용한 다수(silent majority)는 여론을 주도하거나 형성하는 데 효율적이지 못해, 소수 지배층에 의해 의견을 조종당하기 쉽다. 전문 행정가는 일반 국민의 보편적인 의견에도 귀 기울이는 감수성(또는 감정이입, empathy)을 키워 나가야 한다.

정책평가 활동은 정부의 문제 해결 능력을 높이는 데 도움을 줄 수 있도록 새로운 지식을 제공하고, 평가를 통해 정부의 효율성과 능률성 등 관리 능력을 제고하는 데 도움을 주려는 것이다. 또한 정책 결정자 또는 집행자에 대하여 책임성을 따지는 방법으로도 활용된다.

정책 평가 기준으로는 투입과 산출의 영역 또는 합법성, 능률성, 효과성, 형평성 등 행정 이념과 연계된 원칙들이 제시되고 있다. 투입의 요소로는 노력이 있다. 노력(effort)은 활동의 양과 질, 투입 또는 에너지에 관한 평가(산출과 관계없이)를 말한다. 산출의 영역으로는 결과가 있다. 결과란(performance) 노력 자체보다는 노력의 결과들을 말한다. 적합성(adequacy)은 전체 필요한 양에 대응하는 결과의 적합 정도를 말한다. 주어진 상황과 일치하는(identical) 정책의제 또는 정책 목표를 설정한 거를 말한다. 적정성은 정책 목표가 사회 문제의 해결에 기여할 수 있는 정도를 말한다. 적합성이 타당성의 문제와 관련이 있다면, 적정성은 협의의 비례의 원칙과 관련한 개념이다. 문제 해결에 적합한 정책(수단)인가(적합성)와 정책이 목표 달성에 필요한 최소한의 규제인가(적정성)를 살펴보는 것이다. 정책 목표를 달성하기 위하여 규제 정책을 시행한다고 했을 때 규제로 인한 국민의 기본권을 필요한 최소 범위에서 제한해야 한다. 목적을 달성하여 +50의 사회적 효용을 증가시키기 위하여 -60의 규제(비효용) 정책을 적용해서는 적정성을 벗어난 것이다. 효율(efficiency)은 비용이 관점에서 대안적 수단들과 경로들의 평가를 말한다. 효과(effectiveness)는 정책이 의도한 직접적인 목표의 달성 정도를 말한다. 국가의 정책은 국민과 사회의 효용을 증가시키는 것을 목적으로 하므로, 정책 집행의 결과로 얻어진 산출이 국민 생활에 미친 영향을 효과성 측정으로도 볼 수 있다. 과정(process)은 왜 또는 어떻게 프로그램이 작동하거나 작동하지 않는가의 관점에서 설명한다. 효과성은 정책의 결과 또는 산출물이 정책 목표를 얼마나 달성한 가의 여부를 살펴보는 척도이다. 효율성은 투입 대비 산출 비율을 살펴보는 기준이다. 비용편익분석은 경제적 타당성 및 효율성을 평가하는 수단(방법)으로 자주 활용된다. 정책은 구성원들의 만족(헌법기관 간의 타협) 및 고객에 대한 대응성(프로그램 적응성, 신축성, accommodation, 고객의 수요와 요구에 맞춘) 및 시스템 안정(system maintenance) 등으로 평가하기도 한다.

정부의 정책 또는 정부가 제공하는 공공서비스의 공급량을 측정하기 어렵다[133]. 역설적으로 정부의 산출물을 계량하기 어렵기 때문에 측정할 수 있는 지표에 집착하

133) 울프(Wolf)는 비시장 실패(정부 실패)를 정부의 공공서비스 특징에서 찾고 있다. 정부서비스는 수입(세금)과 지출이 연계되어 있지 않아 낭비의 가능성이 있고, 계량과 측정하기 어려워 합리적인 평가가 쉽지 않다. 또한 정치인의 높은 시간 할인율로 인해 낭비와 정부 사업의 비대화 현상이 나타난다고 보았다.

는 경향이 있다. 예를 들면, 도서관 정책의 효과성을 비교하기 위하여 구청별 도서관의 주민 이용자 수를 비교한다고 가정해 보자. 도서관의 이용자 수가 서비스 공급을 측정하는 하나의 지표는 될 수 있을지 모르나 그 지표만으로 도서관 사업 전체를 평가하는 기준으로 삼을 수 없다는 것이다. 경제적으로 안정된 지역에 위치한 도서관은 그 시설이 더 좋을 수도 있고, 시간 여유 등 이용자가 도서관 활용에 친화적인 사회경제적 지위를 가지고 있을 수도 있기 때문이다. 그렇지 못한 지역에 위치한 도서관은 시설이 낙후되어 있어도 시설 개보수가 제때 이루어지지 않았을 수도 있고, 주민의 생활 여건이 도서관 이용할 여유가 없기 때문일 수도 있다는 것이다. 즉 도서관 서비스의 양과 질적인 차이가 이용자 수의 차이로 연결되지 않을 수 있다는 점을 주의해야 한다. 공공서비스의 결과 측정 및 평가는 다양한 측면에서 서로 다른 변수와 그 영향력을 고려해야 한다.

정책 결정자와 집행자의 연결 고리

정책 결정자와 집행자의 상호작용은 정책 내용의 구체성 여부에 따라 결정된다. 정책결정자가 목표와 수단을 어느 정도 구체적으로 정하고 집행자에게 지시하는가에 따라 몇 가지의 결정자와 집행자의 연결 유형으로 구분할 수 있다.

고전적 기술관료 모형은 정책결정자는 명확한 목표를 설정하고 집행자는 그 목표를 지지한다. 정책결정자는 위계적 명령구조를 확립하고 목표를 이행하기 위하여 특정한 집행자에게 기술적 권한을 위임한다. 이 모형은 집행 과정에 대한 정책결정자의 통제권이 가장 엄격한 유형이다. 집행자는 기술적 재량만을 제한적으로 가질 뿐이다. 만약 집행자의 기술적 능력이 부족하다면 정책은 실패하게 된다.

지시적 권한위임 모형은 정책결정자가 명확한 목표를 설정하고 집행자는 그 목표의 필요성에 동의한다. 정책결정자는 복수의 집행자들에게 행정규칙 등을 제정할 수 있는 행정적 권한을 부여한다. 이 모형은 정책결정자가 구체적으로 목표를 제시하되, 그 목표를 달성하기 위한 복수의 집행자들에게 행정적인 권한을 부여하는 것이다. 복수의 집행자가 존재한다는 것은 집행자들 간의 분쟁과 갈등의 소지가 있게 된다.

협상 모형은 정책결정자가 목표를 설정하지만, 집행자가 그 목표에 대하여 필요하다는 점을 동의하지는 않는 상태이다. 이에 결정자와 집행자는 목표 및 수단에 관하여 협상하게 된다.

재량적 실험자 모형은 정책결정자의 지식이 부족하거나 상황의 불확실성으로 인해 목표를 분명하게 제시하지 못한다. 이에 집행자가 그 목표를 구체화하고 목표를 달성하기 위한 수단을 고안하고 선택하는 넓은 재량권을 가진다.
관료적 기업가 모형은 집행자가 정책 목표를 수립하고 정책결정자가 이 목표를 받아들이도록 할 능력과 권한을 가진다. 집행자가 결정자보다 우위에서 정책을 결정하고 집행하는 모형이다.

심화 학습 : 정책결정자를 규정하는 관점(성선설과 성악설)
정책을 결정하는 사람을 어떻게 정의할 것인가의 문제이다. 인간은 선하게 태어난다는 성선설이 있고, 태어나면서 악한 본성을 가진 인간을 교육으로 선하게 계도해야 한다는 성악설로 나뉜다. 일반적으로 서구의 민주주의 제도는 인간에 대한 불신을 전제로 한다. 믿지 못하고 이기적인 본성을 가지고 있는 인간이 민주사회의 구성원으로 생활하기 위해 요구되는 조건을 제도화하는 것이다. 공동체의 규칙과 그 유지를 위한 조건을 위반하면 규제와 처벌이 따르는 시스템이다. 계약 시 꼼꼼하게 문서로 작성하는 관행도 인간 본성을 믿지 못하는 것에 기인한다. 반면에 동양의 인(仁)의 정치는 인간의 본성이 선하다는 것을 전제로 한다. 지도자의 인성을 믿고 맡겨 본다. 따져서 계약을 체결하면 정(情)이 없다거나 인간성이 메마르다고 핀잔을 준다. 인간을 믿는 마음에서 제도를 만들기에 그 제도는 사람(엘리트, 지도자)가 현명하게 운영할 것을 전제로 한다. 집착하면 멀어지는 것이 우주의 순리이다. 가볍게, 자신의 모습으로, 남과 다르게 살아가는 지혜를 키워보자. 믿는 도끼에 발등 찍힌다는 속담이 있다. 행정 시스템을 설계하거나 운영하는데 의심과 호기심 및 상상력을 발휘해 보자.

8. 권력 분립과 국가 정책

몽테스키외는 법의 정신에서 국가의 정체를 공화정, 군주정, 전제정으로 구분하고, 공화정을 다시 민주정과 귀족정으로 구분하고 있다. 민주정은 국민의 자기 지배를 선거제도로 실현하는 것으로 추첨(현대의 투표)의 방식으로 자신이 할 공동체의 일을 직접 하거나, 대표자를 뽑아서 그 일을 맡긴다고 한다. 귀족정은 선택을 수단으로 소수의 노예(지배자)를 선정하게 된다. 로마의 패망 원인의 하나로 투표에 참여하는 백성의 숫자를 정하지 않았단 것을 꼽고 있다. 몽테스키외는 공동체의 일에 대하여 국민이 잘할 수 있는 일은 자신이 직접 해야 하고, 잘할 수 없는 일은 장관이 하도록 해야 한다고 보았다. 국민이 사법관, 토목담당관 등을 선출할 때는 자명한 사실에 근거(전투에 참여하여 승리한 결과 등을 백성이 자명하게 알고 있다는 뜻)하여 선출(투표)하고, 원로원의 위원을 선출은 집정관(이후 감찰관)이 하되, 그 집정관은 국민이 정하는 것이다. 법은 정체의 성격을 규정하는데 공화정, 군주정, 전제정 등은 원리를 각각 포함하고 있다. 군주정은 명예, 덕, 야심을, 덕성과 명예는 균형이 있어야 완전한 정체가 가능하다.

입법권, 행정권, 그리고 사법권은 서로 견제와 균형의 원리에 따라 국가 정책 결정의 독점을 방지하고, 국민의 인권을 보장하려고 한다. 현대 복지국가 시대에서는 국가 권력의 기계적·형식적 분립에만 그치지 않고 정책의 합리적인 결정을 도모하고자 한다.

사례를 보면, 광주지방법원 제1행정부는 발달 장애인 A씨가 광주 북구청장을 상대로 제기한 "발달장애인 주간 활동 서비스 중단 처분 취소소송"에 대해 원고승소 판결을 내렸다(2024. 7. 7.). 즉 광주 북구청장은 2023. 10. 5. 원고에게 한 발달장애인 주간 활동 서비스 중단 처분을 취소하라고 주문하였다. 발달장애인 A씨는 2022년 7 월부터 장애인 주간 활동 서비스를 지원받아 왔으나, 만 65세가 되던 2023. 10 월 광주 북구청장으로부터 "만 65세가 되었기 때문에 더 이상 발달장애인 서비스 지원 대상에 해당하지 않아 지원을 중지한다"고 A 씨에게 통보(처분)하였다. 이에 재판부는 "발달장애인법은 주간 활동 서비스의 내용과 방법을 구체화할 뿐 신청 자격을 제한하는 규정을 두고 있지 아니하다고 하면서, 이 신청 자격 지침은 대외적 구속력이 없는 행정규칙으로 봐야 한다"라고 판시하였다. 또한 발달장애인 개개인의 참여 욕구에 따라 지원 여부가 달라질 수 있을지언정 발달 장애인이 일정 나이에 도달했다는 이유로 서비스 지원 필요성이 없어진다고 단정하기 어렵다고 하였다. 광주광역시의 2023년도 해당 사업 예산은 약 82억 원이고 2023년 6월 기준 광주광역시에 거주하는 60세 이상 발달장애인 중 해당 서비스 이용자는 5명에 불과하였다. 광주광역시 북구의 경우 만 65세 이상 발달장애인으로 해당 서비스 이용 대상자는 1명이었다. 법원(사법부)은 우리나라 경제규모나 광주광역시의 예산 규모에 비해 해당 사업 예산이 차지하는 비중이 크거나 과도한 부담이 된다고 단정하기 어렵다고 보았다. 65세에 도달한 발달장애인을 일률적으로 신청에서 제외하는 것은 불합리한 차별로 평등원칙에 위배된다. 따라서 북구의 주간활동 서비스 제한 처분은 위법하다고 판시하였다. 이 사례는 복지 정책에 관한 집행부(행정부)의 정책 결정·집행에 대하여 법원(사법부)이 제동을 건 것이다. 이처럼 국가의 정책은 입법, 행정, 사법 등 어느 한 권력이 독점하는 것이 아니라 3권 분리 제도 및 운영에 따라 영향을 받게 된다.

제10강 부록 : 구술

강의록(재무행정론 : 예·결산 특강)

1. 강의에 임하는 자세에 관하여

가장 먼저 존중하는 마음으로 중심을 잡는다. 강의실은 지식과 경험을 쏟아내는 장소가 아니라, 존중과 사랑으로 교감하는 가운데 지식은 자연스레 저항 없이 스며들어야 한다. 강사의 눈높이를 최대한 낮춰 학생과 아이컨택을 한다. 이해(understand)는 낮은 자세로 겸손한 태도에서 나온다. 존중의 마음에서 잠재된 경험과 지식이 술술 펼쳐진다. 이번 강의는 지방자치를 현장에서 실행하는 관리자를 위한 예결산 심사과정 특강이다. 예결산 과정과 제도 및 과정을 설명하기 보다 지방자치행정을 선도하기 위한 역량 강화를 위한 영감과 상상력을 끌어내는 데 강의의 초점을 둔다.

2. 예산의 개념과 과정

예산은 한 회계연도의 정부(또는 지방자치단체 등 공공기관 주체)의 사업계획을 화폐적 단위로 표현한 것이다. 알렌 쉬크(Allen Schick)는 예산을 통제, 관리, 기획의 관점에서 설명한다. 행정이념과 연결해 보면 합법성, 효율성, 효과성으로 구분해 볼 수 있다. 예산제도로서는 품목별 예산제도, 성과주의 예산제도, 프로그램 예산제도와 각각 연결된다. 기억해야 할 핵심은 예산은 계획과 관계가 깊은 개념이다.

헌법에 따라 예산 편성권은 정부에 있다. 기획재정부는 중기재정계획에 따라 작성한 각 중앙행정기관의 예산 요구서를 취합한다(5월 31일까지). 각 부처의 예산 요구액은 국가의 재정 규모를 상회하기 때문에, 부처별 예산 협의를 거쳐 정부의 예산안을 만들고, 국무회의의 심의를 거쳐 대통령의 재가를 받은 후 국회에 제출한다(9월 3일까지). 국회는 정부의 예산안을 심의·의결한다. 국회는 상임위원회와 예산결산특별위원회에서 심사를 거쳐 본회의에서 확정하게 된다(12월 2일까지). 국회 상임위원회는 중앙행정기관의 거울효과(mirror effect)에 영향을 받아 대부분 증액 요구를 많이 한다. 이에 예산결산특별위원회에서는 각 상임위원회의 감액 요구는 수용하고, 증액 요구는 조정하게 된다(정부의 기획재정부의 역할과 유사). 예산의 비목을 신설하거나 증액하려는 경우에 정부의 동의를 받도록 규정하고 있다. 국회에서 확정된 예산은 정부가 집행하게 된다. 예산의 배정과 재배정, 세입 징수관의 부과징수결정과 출납공무원의 출납, 지출원인행위를 하는 권한을 가진 재무관과 지출행위를 하는 권한을 가진 지출관 등 세입과 세출에 있어서 각각의 행위자들의 역할을 구분하도록 규정하고 있다. 결산은 예산과 그 집행이 얼마나 일치하는 지를 살펴보는 활동이다.

3. 결산의 이해

몇 가지 실무 사례와 예시를 통해 결산을 학습하기로 한다. 2024년도 1/4분기 에 32.5조 원이 세수 결손이 발생했다. 연초에는 세수 결손이 종종 발생한다. 적극적인 조기 재정지출을 통해 경제를 활성화하기 위한 것이다. 세금은 분기별로 안정적으로 수납되는 데 반해, 상반기에 재정지출을 적극적으로 추진하는 경우 세수 결손 현상이 나타난다. 일시적인 세수 결손액은 정부가 한국은행으로부터 일시차입금을 통해 보전하고, 연내에 세수를 통해 갚는다. 세수가 부족한 현상이 장기화·만성화되는 경우에는 정부 지출을 감축하는 재정 개혁을 추진해야 한다. 1970년대 이후의 오일쇼크 현상을 겪으면서 세계 각국의 정부는 감축 경영을 도입하게 되었다. 신자유주의의 흐름 속에서 영국의 대처 수상이나 미국 클린턴 행정부의 행정·재정 개혁이 그것이다. 과감한 민영화 정책으로 정부의 몸집을 줄여 X-비효율을 제거하려고 하였다. 코로나19 팬데믹 과정에서 각국 정부가 화폐량을 늘려 인플레이션의 압박을 받게 되면서 기준금리를 높이는 금융정책으로 경제의 투자 위축 등 딜레마에 빠진 형국이다. 경제가 위축됨에 따라 세수 결손과 부족으로 정부 지출액도 위축되고 있는 실정이다. 전반적으로 경제가 침체국면으로 접어들고 있다. 이러한 세수 부족 상황에 직면한 정부는 정부가 꼭 해야 하는 일과 민간에게 넘겨도 되는 공공서비스를 분별해야 한다. 정부의 재정 효율성을 높이기 위해 민간위탁 또는 민영화 정책을 추진할 수 밖에 없게된 것이다. 신공공관리론(NPM)과 신공공서비스론(NPS) 등 새로운 행정이론이 등장한 것도 이러한 시대적 배경에 따른 것이다. 일반적으로 정부가 제공해야 하는 공공서비스로는 주로 시장실패의 영역에 해당하는 것들이다. 공공재의 공급, 외부성, 정보비대칭, 독점규제, 사회복지정책을 통한 소득 배분배, 경제성장과 안정 등은 정부가 시장에 개입하는 것이 정당화된다고 본다. 지방자치를 이끌고 있는 여러분들께서 결산을 검토하는 첫 관문은 지방정부가 꼭 해야 하는 일인가 아니면 시민단체 또는 민간에게 그 역할을 맡기는 것이 더 나은 선택인가를 질문해 보는 것이다.

결산 심사의 실무는 이전용, 불용, 이월 등 예산의 집행에 관련한 사항이다. 지방정부가 도서관 또는 공원 등 시설을 건설하는 예산을 편성한다고 가정해 보자. 마을에 도서관을 짓겠다고 결정하기 위해서는 주민의 선호, 경제적 타당성, 기술적 가능성 등 다양한 측면에서 사전 검토가 필요하다. 일정 규모를 넘는 예산이 투입된다면 예비타당성 검토 또는 투자심사 등 재정 효율성과 효과성에 관한 사전 검토를 반드시 거쳐야 한다. 도서관 건축을 위한 예산액은 000건축비, 000업무추진비, 000수용비 등 건축을 위한 경비와 그 부대경비 및 건축의 방식(직접 건축, 민간 위탁 또는 민자유치 등)에 관한 정보를 포함한다. 건축비는 기성고에 따라 예산액을 집행하므로, 대부분의 건축 공사비는 이월이 자주 발생하게 되고, 집행잔액을 불용처리하는 등 결산심사의 관점에서는 지적할 사항이 빈번하게 발생한다. 그렇다고 건축비를 쪼개서 반영하는 경우 몇 가지 문제점이 발생할 수 있다. 의회에서 계속 동의해준다는 보장이 없을뿐더러, 시설 공사를 시행하는 건축업자가 은행에 사업 진행을 위한 대출을 받을 때 예산액이 기준이 되기 때문이다.

결산과 관련하여 사업비 중에서 업무추진비와 수용비만 집행률이 높고, 진즉 사업활동 자체의 집행률이 낮은 경우도 있으니 이러한 사업 집행의 문제를 지적할 필요가 있다. 환경부의 상수원 이전 정책 등은 관련 지역의 민원으로 그 사업 추진 실적이 낮은데, 부대 경비는 집행률이 높은 사례가 있는지를 검토해야 한다.

4. 예·결산 심사의 기준

한 국가의 정부 재정(회계와 기금)은 그 나라가 처한 상황 조건에 영향을 받는다. 즉 야경국가 시대의 정부 재정은 치안과 질서유지 기능을 수행하기 위한 것이다. 복지국가 시대의 재정은 소득 불평등을 해소하고 인간다운 생활을 보장하기 위한 것을 포함한다. 오일 쇼크 등 자원 위기로 감축 경영의 요구로 등장한 신자유주의 시대에서 정부의 재정은 민간위탁 및 민영화를 통한 정부 기구와 기능을 합리적으로 조정·축소하는 것이다. 신자유주의 사조가 지배하고 있는 현대 사회의 정부는 시장과 정부의 역할과 그 경계에 관한 검토와 안목을 키워야 한다. 시장에 맡길 것은 과감하게 자율성을 보장해 주고, 시장 실패 등 정부가 개입해야 하는 영역에는 공공 서비스를 적극 제공하는 정책을 발굴해야 한다. 정부 재정도 이러한 정책 추진과 연계되도록 편성·집행해야 한다.

현대 정부는 분권과 지방자치를 확산하여 행·재정의 효율성을 제고해 나가야 한다. 지방정부 서비스에 관한 티부의 가설을 소개한다. 지방에는 다양한 성향과 욕구를 가진 주민이 공존한다(heterogeneous). 지방자치단체는 그 특성에 적합한 공공재와 공공서비스를 제공한다. 주민은 지방자치단체가 제공하는 다양한 서비스를 근거로 이주를 한다. 공공서비스레 대하여 비슷한 선호를 가진 주민이 모여들게 된다. 예를 들면, A 지방자치단체는 교육에 특화된 서비스를, B 지방자치단체는 철학과 인문학에 특화된 서비스를, C 지방자치단체는 휴양과 관광 및 문화에 특화된 서비스를 각각 제공한다고 가정해 보자. 주민은 거주 이전의 자유가 있으므로, 각 주민의 선호를 충족시켜주는 공공서비스를 제공하는 지방자치단체로 이전한다. 장기적으로 동일한 선호를 가진 주민이 모이게 된다(homogeneous). 이로써 지방자치단체는 특화된 공공서비스를 낮은 비용으로 공급할 수 있게 된다. 즉 지방자치의 활성화로 주민의 만족도는 높아지고, 재정(비용)은 효율적으로 집행되어 지방행정의 민주성과 효율성을 달성할 수 있게 된다. 지방자치의 활성화로 지방자치단체는 지역과 상황에 적합한 독특한(unique) 공공서비스를 발굴해야 한다. 지역 주민은 상품을 소비하는 것처럼, 효용을 극대화하기에 적합한 공공서비스를 선택하여 이주한다. 지방의회 의원 등 지역의 리더는 그 지역의 특산 공공재 및 공공서비스를 개척하여 홍보해야 한다.

생각하기 : 소통의 중요성

KOICA 주도로 세네갈 의회에 디지털 기술을 한창 전수하고 있다. 언어와 문화의 차이가 있어 디지털 의회 사업을 소개하고 그 시스템 및 운영 기술을 알려주는 데 소통의 부족으로 종종 오해가 발생한다. ODA 사업 기준을 준수하려는 한국 코이카 측과 현실을 이해해 주기를 바라는 세네갈 측 간에는 서로 갈등의 소지가 있다. 중재자가 양 측이 협상과 소통할 수 있는 대안을 제시하면서 세네갈 의회의 디지털 기술 전수사업이 성공적으로 마무리한 사례가 있다. 이해와 소통이 기계와 기술 전수보다 더 중요한 사업 성공 조건이다.

보론 : 정책 과정과 포스트모더니즘

계획(plan)-실행(do)-평가(see)는 다양한 행정 분야에 적용이 되고 있다. 정책 결정, 정책 집행, 정책 평가로 구분하고, 예산의 편성, 집행, 결산으로 나누기도 한다. 기획과 목표설정, 대안 설정과 선택, 집행, 평가 및 환류(feedback)로 행정 과정을 단계별로 분석하기도 한다. 분야별로 나누고, 세부적으로 분석하는 것은 행정의 과학화에 기여한다. 나누고 구분하는 것은 전통적으로 이분법적 사고 방식과 밀접하게 관련되어 있다. 성별을 남, 여로 나눈다든지, 주관과 객관, 자신과 타자 등으로 나누고 구분하는 데 익숙하다. 남과 여 그리고 간성의 개념이 등장하고, 주관과 객관 그리고 간주간성의 개념이 사용되면서 자아와 타자의 구분도 상대적으로 변화하고 있다. 행정과학을 연구하기 위한 편의상 단계별로 나누더라도, 메타 인지적 관점에서 통합하고 융합하는 안목을 길러야 할 것이다.

감사의 글

공공정책 개론을 발간하기까지 귀한 분의 지도와 가르침이 있었다. 계량행정론, 도시 및 지방행정론, SPSS 기초를 지도해 주신 안문석 교수님의 은혜를 잊을 수 없다. 미국 밴드빌트 대학에서 통계학과 계량경제학 그리고 게임이론 등을 배웠고, 박사과정을 지원하도록 독려해 주시고 학위를 마칠 때까지도 관심과 격려해 주셨다. 지도교수님께서는 연구실에서 강의실로 이동하실 때면 학생에게 스피릿(spirit)을 넣어 주러 간다고 하셨다. 행정학과 경제학에 더해 헌법, 행정법, 민법 등 명강의로 유명하신 교수님의 강의를 직접 수강하면서 5급 공채시험을 준비했던 것도 다양한 학문을 학습하는 계기가 되었다. 공직의 경험과 진 영 장관님의 지혜는 책의 곳곳에 남아 있다. 신한대학교 행정학과 학생의 열정과 태도가 책을 발간하는 원동력이 되었다. 공직의 때를 벗어던지지 못한 풋내기 교수지만 선배의 수업에 참여한 열정에 감사한다. 정책 과목을 쉽게 이야기해야 한다는 사명감을 품게 된 원천이다. 이 책이 새내기 행정학도의 멋진 동반자로 남아주었으면 한다.

추천 도서

Charles Wolf. 1988. Markets or governments : choosing between imperfect alternatives: Cambridge The MIT Press.

David J. Vogler. 1980. The Politics of Congress, 3rd ed. Boston: Allyn and Bacon Inc.

Elinor Ostrom. 2005. Understanding Institutional Diversity. United Kingdom : Princeton University Press.

E. S. Savas. 1987. Privatization: The Key to Better Government, Chatham, New Jersey: Chdatham House Publishers. Inc.

James M. Buchanan.· Goren Tullock. 1962. The calulus of consent, logical foundation of constitutional democracy. Ann Arbor: University of Michigan Press.

Robert B. Denhardt. · Janet V. Denhardt. · Tara A. Blanc. 2013. Public Administration : An Action Orientation. 7th Edition. WADSWORTH CENGAGE Learning : United States.

Robert B. Denhardt and Janet Vinzant Denhard. 2000. The New Public Service: Serving Rather Than Steering. Public Administration Review , Nov. - Dec., Vol. 60, No. 6 , pp. 549-559.

R.H.Coase. 1990. The firm, the market and the law. Chicago University of Chicago Press.

Smith, B.C.. 1995. 『Decentralization: The Territorial Dimension of the State』. George Allen and Unwin, London, 201-206.

Tiebout, Charles. 1956. A Pure Theory of Local Expenditure. Journal of Political Econom, 64: 416-435. 1956.

James Buchanan and Gordon Tullock. 1962. 『The Calculus of Consent. : Logical Foundations of Constitutional Democracy』. University of Michigan Press.

저자의 주요 연구 : 독자의 이해에 도움이 될 최근 연구와 이력을 소개한다.
“국회 효율성 제고에 관한 연구 : 제21대 여소야대 국회를 중심으로. 2024, vol.6, no.2, 통권 20호 pp. 471-495 (25 pages). 한국국회학회.”
“논변 논법으로 본 국가교육위원회 신설의 합리성 연구: 국회의 입법과정을 중심으로. 교육법학연구 제35권 제2호, 2023.8 175 - 206 (32page), 교육법학회.”
“경기도의 구역 분할 논의에 관한 연구 : 경기북도 설치 법률안을 중심으로. 2024, vol.6, no.3, 통권 21호 pp. 741-763 (23 pages), 한국국회학회.”
“주요국 의회 법제조직 비교연구 (2023 국회사무처 연구용역 책임연구).”
고려대학교 행정학과 학사·박사 논문(환경정책 체감에 관한 연구 : 4대강 수질개선 정책을 중심으로, 2010 안문석 교수님 지도).
미 밴드빌트 대학 경제학 석사 논문(THE ENVIRONMENT OF THE AIR CLEANING ACT IN KOREA(THE SUBSIDY EXPENDITURE ON CNG BUS 2004) .
세계의회보고서(Global Parliament Report 프로젝트 참가, 국제의회연맹 제3위원회 입법조사관, 제네바 IPU 2010-2012).
국회예산정책처 예산분석실장(2018 예·결산 분석보고서 총괄).
국회 환경부소관, 정보통신부소관, 해양수산부소관, 문화체육관광부소관, 문화재청 소관, 교육부소관 전문위원 검토보고서 작성.

저서
『공공정책개론 2024 창조와 지식』
『행정이 인문을 만나다 2024 창조와 지식』
『교육행정과 법 2022 법우사』
『재정톡 2020 법우사』
『그대로 삽시다 2021 법우사』
『그대와 삽시다 2021 창조와 지식』

저자 이승재

저자 소개

신한대학교 행정학과 부교수(2022. 11. 1.- 2024. 현재)
국가교육위원회 비상임 위원(2022. 9. 27- 2025. 9. 25)
제12회 입법고시 합격(1994)

공공정책개론

초판 1쇄 발행 2024년 08월 20일

지은이 이승재
펴낸이 김동명 **펴낸곳** 도서출판 창조와 지식 **인쇄처** (주)북모아 **출판등록번호** 제2018-000027호
주소 서울특별시 강북구 덕릉로 144 **전화** 1644-1814 **팩스** 02-2275-8577
ISBN 979-11-6003-767-8(93350)
정가 14,000원